novum
PRAXIS

Petra Pawletko

LAYOUTEN

Bruckmann

4

Herausgegeben in Zusammenarbeit mit

novum
gebrauchsgraphik
Internationale Monatszeitschrift für Kommunikationsdesign

Gedruckt auf chlorarm gebleichtem Papier

Die Deutsche Bibliothek – CIP-Einheitsaufnahme

Pawletko, Petra:
Layouten / Petra Pawletko. Hrsg. in Zusammenarbeit mit
Novum-Gebrauchsgraphik, internationale Monatszeitschrift für
Kommunikationsdesign. – 1. Aufl. – München : Bruckmann, 1992
(Novum Praxis)
ISBN 3-7654-2478-1

© 1992 F. Bruckmann KG, München
Alle Rechte vorbehalten
Herstellung: Bruckmann Druck, München
Printed in Germany
ISBN 3-7654-2478-1

EINLEITUNG

INHALT

In der Tageszeitung unter der Rubrik »Stellenanzeigen« kann man folgendem Anzeigentext begegnen:

Ein(e) Layouter(in) sollte bei der Zeitschriftengestaltung und Seitenaufteilung ein Feingespür für Text- und Bildanordnung besitzen und den Entwurf so umsetzen, daß er in der technischen Produktion realisiert werden kann.

Der Begriff »Layout« (engl. lay out = ausstellen, auslegen, Entwurf) beinhaltet jedoch nicht nur den Aufgabenbereich eines Layouters, sondern ein sehr breites Spektrum innerhalb des Grafik-Design-Bereichs.

Die Grundlage eines jeden Druckerzeugnisses (von der Visitenkarte bis zur Plakatwand) basiert auf einem Entwurf. Dieser Entwurf soll einen Eindruck von der gedruckten Vorlage vermitteln.

Im Zeitalter des Desktop Publishing können Entwürfe direkt am Bildschirm gestaltet und als Film ausbelichtet werden.

EINLEITUNG

Die Arbeitsweise und Technik dieses fortschrittlichen und zeitsparenden Mediums ist ein Fachgebiet für sich und wird in diesem Buch nicht behandelt.

Jedoch ist neben den technischen Kenntnissen ein fundiertes Fachwissen über Grafik-Design Grundlage, um einen Layoutprozeß visualisieren und realisieren zu können. In diesem Buch sind die wichtigsten Layoutgrundlagen beschrieben. Die einzelnen Kapitel sind so aufgebaut, daß ein Layoutprozeß Schritt für Schritt nachvollziehbar ist. Der Inhalt und die Abbildungsbeispiele sollen dem interessierten Leser eine hilfreiche Anleitung sein und dazu motivieren und inspirieren, eigene Ideen fachmännisch umzusetzen.

Scribble
Rohlayout
Reinlayout

KAPITEL

1

Wer kennt nicht folgende Situation: Man sitzt vor einem weißen Blatt Papier und soll so schnell wie möglich einen bombastischen Entwurf zaubern, der unbedingt heute noch...

Seien Sie sich darüber im klaren: Der erste Strich auf dem Papier ist immer der schwierigste. Wie man diese Hemmschwelle, nämlich die Angst vor dem weißen Blatt Papier, überwindet, ist individuell unterschiedlich. Patentrezepte gibt es nicht. Langes Zögern verhindert die Spontaneität. Ein intuitives Brainstorming, das zunächst auf jede qualitative Wertung verzichtet, fördert erste Ideenansätze. Diese fragmentartigen Vorstellungen gilt es, skizzenhaft festzustellen. Dieses grob aufgerissene »Gekritzel« bezeichnet man als **Scribble.**

Es empfiehlt sich jedoch, das Format des Scribbles so anzulegen, daß es proportional mit dem Originalformat übereinstimmt.

Der nächste Schritt besteht in der kritischen Auswahl der Scribbles, die nach Aspekten der technischen Realisierbarkeit, Harmonie und Gestaltung miteinander verglichen werden. Die Endauswahl sollte auf zwei bis drei Scribbles reduziert werden.

Um die Wirksamkeit der Scribbles zu überprüfen, wird ein Zwischenentwurf, das heißt ein **Rohlayout,** angelegt, das den Maßen des Endformats entspricht. Schriften, Fotos und Bilder werden skizziert. In dieser Layoutphase erkennt man, ob ein harmonisches Gleichgewicht zwischen Text und Bild vorhanden ist, wie das Gestaltungsmittel Farbe wirkt und ob das Layout den eigenen Vorstellungen entspricht. Das Rohlayout ist eine gute Diskussionsgrundlage für den Arbeits-, Studenten-, Freundeskreis. Manchmal hat man bereits für eine bestimmte Idee eine Vorliebe entwickelt, so daß ein objektives Urteil schwer fällt. Nun helfen die konstruktive Diskussion und ein nicht fachspezifisches Urteil von Außenstehenden, um neue Akzente zu setzen und Inspirationen zu fördern.

In dieser Zwischenstufe werden Änderungen vorgenommen. Auf dieser Grundlage wird dann das sogenannte **Reinlayout** angefertigt und bekommt damit seinen »letzten Schliff«.

Typografie, Bild- und Farbkompositionen werden optimiert, die Werbebotschaft ist auf das Wesentliche reduziert, letzte geringfügige Änderungen, falls notwendig, können vorgenommen werden. Das Reinlayout hat das Ziel, einen exakten Eindruck von der vorgesehenen Druckvorlage zu vermitteln.

Ideenskizzen und Reinlayout zu einem zweiseitigen Firmenprospekt

Mit welchen Techniken der Entwurf realisiert wird, ist in
Kapitel 3 beschrieben.

Das Reinlayout hat also die Aufgabe, bei Präsentationen
das wesentliche Gesamtkonzept schnell visuell erfaßbar zu
machen und als Diskussionsgrundlage zu fungieren. Für den
Fotografen dient das Reinlayout als Arbeitsvorlage. So kann
er sich »sein Bild machen«.

Im Grafik-Design-Bereich gibt es keine Layoutrichtlinien;
man kann direkt vom Scribble ein Reinlayout anfertigen oder,
je nach Qualität der Ausführung, das Rohlayout präsentieren.

Layoutwerkzeug

Papiere
Skizzenwerkzeuge
Schneidewerkzeuge
Reißwerkzeuge
Kleber
Sonstige Hilfsmittel

Das richtige Layoutwerkzeug

Der Arbeitsplatz eines Gestalters sollte möglichst hell und geräumig sein. Eine große Arbeitserleichterung bietet ein verstellbares Zeichenbrett. Mit welchen Werkzeugen layoutet wird, ist abhängig von der grafischen Umsetzung. Hier eine Auflistung der gebräuchlichsten Werkzeuge, ohne Anspruch auf Vollständigkeit:

Papier

Layoutpapier: Halbtransparentes, nicht durchlässiges und nicht durchschlagendes Feinpapier, das sich speziell für Filz- und Markerarbeiten eignet. Erhältlich in allen gängigen Formaten.

Schreibmaschinenpapier: Eine preisgünstige Alternative (sofern man nicht mit Markern arbeitet) für Scribble- und Montagearbeiten. Der Kauf von Großpackungen (500 Blatt) ist wesentlich günstiger.

Transparentpapier: Unersetzlich für Paus-, Reinzeichnungs- und Montagearbeiten. Es ist in verschiedenen Stärken und Formaten als Bogen (auch in Blocks) und auf der Rolle erhältlich.

Montagekarton: Wird für Layout, Schriftmontage und Reinzeichnungen verwendet. Die Kartons sind in verschiedenen Formaten erhältlich. Sinnvoll ist eine Stärke ab 200 g/m².

Artnorm: Das sind Papiere und Kartons mit blauem Millimeter-Raster; sie bieten sich geradezu für Reinzeichnungs- und Montagearbeiten an, da der Raster nicht reproduzierbar ist.

Bristolkarton: Mehrfach geklebter, hochwertiger, holzfreier Karton, der sich für aufwendige Präsentationen und Montagearbeiten eignet. In verschiedenen Stärken von 310 bis 925 g/m² erhältlich.

Schöllerhammerkarton: Exklusivkarton für Präsentationen und besonders für Reinzeichnungen. Auf diesem strapazierfähigen, sehr glatten und nicht verziehbaren Karton lassen sich Klebestreifen wieder abziehen, ohne Spuren zu hinterlassen. Werfen Sie Kartonreste nie weg! Zugeschnittene Streifen lassen sich hervorragend als Linealersatz und zum Aufsaugen von überschüssiger Markerfarbe verwenden.

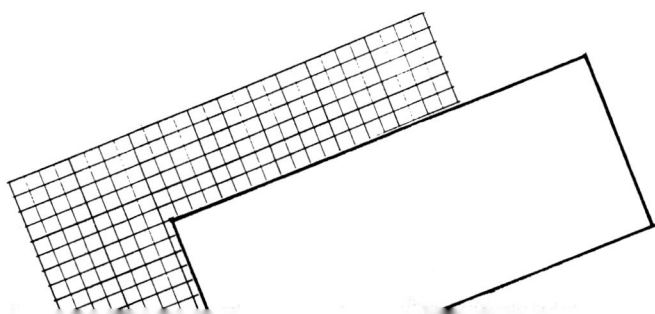

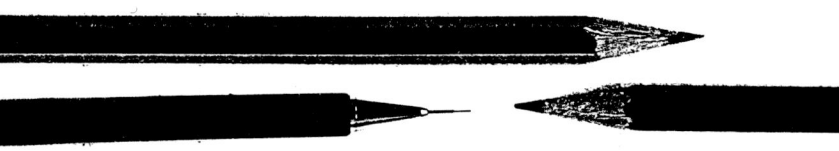

Skizzenwerkzeuge

Bleistift: Ein unentbehrliches, preisgünstiges Skizzierwerkzeug. Mit Schraffurtechnik können Schwarzweißfotografien simuliert, Scribbles können schnell und einfach dargestellt werden. Bleistifte gibt es in verschiedenen Härtegraden, von extrem hart (8H) über mittelweich (HB) bis sehr weich (6B).

Feinminenstift: Muß nicht angespitzt werden und hat eine gleichbleibende Strichstärke. Die Minen sind in den Stärken von 0,3 bis 0,9 mm erhältlich.

Marker: Das klassische Arbeitsmittel des Gestalters. In Fachgeschäften wird der Käufer eine sehr breite Farbpalette in verschiedenen Strichstärken (fein, mittel, breit) gleichzeitig auch in Pinselform vorfinden. Sehr nützlich sind PANTONE-Stifte, deren Farbnummer mit der späteren Druckfarbe identisch ist. Kaum ein Grafiker kann sich den Luxus leisten, alle Farbnuancen zu besitzen. Für den Anfänger ist die Anschaffung einer ausgewählten Farbpalette, bestehend aus 30 verschiedenen Farbtönen, sinnvoll. Wichtig sind vor allem genügend Grautöne (ca. vier bis sechs), bei denen es zwischen kalten und warmen zu unterscheiden gilt.

Die Marker sollten am Arbeitsplatz übersichtlich und stets griffbereit nach Farbtönen sortiert sein. Dieses Ordnungsprinzip verhindert gerade bei Termindruck langes Suchen. Viele Markersorten enthalten giftige Lösungsmittel, die bei längerem Arbeiten Kopfschmerzen verursachen, weshalb Sie beim Kauf auf unschädliche Marker achten sollten. Außerdem verliert der Marker nach mehrmaligem Gebrauch an Intensität. Deshalb sollte der Stift nach jeder Anwendung sofort geschlossen werden, zum einen aus gesundheitlichen Gründen und zum anderen, um ein schnelles Austrocknen zu vermeiden.

Faser- und Filzstift: Sie sind mit wasserlöslicher Tusche gefüllt, in einer breiten Farbpalette verfügbar und von feiner bis breiter Strichstärke erhältlich.

Schneidewerkzeuge

Schere: Für Layoutzwecke benötigt man neben der Papierschere eine kleine Silhouettenschere für feine Detailarbeiten und Freistellungen.

Skalpell: Das Skalpell ist ein Messer mit einer scharfen, auswechselbaren Klinge, die es je nach Verwendungszweck in verschiedenen Formen zu kaufen gibt, für Schneidearbeiten von Papier, Film und Folie.

Cutter: Für das Schneiden von Karton oder Pappe ist ein Cutter mit stärkeren Klingen von Vorteil.

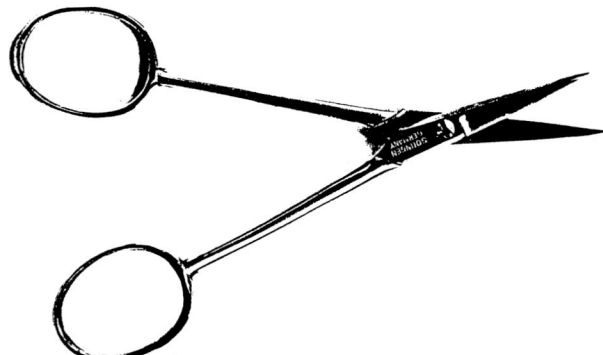

Reißwerkzeuge

Reißschiene: Reißschienen gibt es aus Aluminium, Stahl, Plexiglas oder Plastik, mit und ohne Millimetereinteilung. Empfehlenswert ist eine kratzfeste, eloxierte Aluminiumreißschiene mit Tuschekante.

Lineal: Lineale gibt es in unterschiedlichen Längen aus Plastik und Stahl. Für Schneidearbeiten ist unbedingt ein Stahllineal erforderlich.

Winkel: Zum Arbeiten am Reißbrett gehören Dreiecke und Winkelmesser zum Handwerkszeug.

Typometer: Um Schriftgröße und Zeilenzahl vom Manuskript zu ermitteln, ist ein Typometer unerläßlich. Zur Zeit sind verschiedene typografische Maßsysteme gebräuchlich: Die Schriftgröße kann in Punkt (wobei man zwischen dem herkömmlichen Bleisatz-Punkt und dem DTP-Punkt zu unterscheiden hat) und in Versalhöhe angegeben werden.

Kleber

Sprühkleber: Dieser Montagekleber ist in Dosen erhältlich. Die Klebeflächen werden besprüht und können, wenn der Kleber nur einseitig aufgetragen wurde, später wieder abgelöst werden. Die meisten Sorten sind wegen der ausströmenden Gase gesundheitsschädlich.

Layoutkleber: Ein elastischer Montagekleber auf Kautschuk-basis, in Dosen und Tuben erhältlich. Empfehlenswert ist jedoch die Tube, da der Kleber in der Dose leicht eintrocknet. Sämtliche aufgeklebten Teile können bei nachträglichen Korrekturarbeiten wieder abgenommen werden. Die Rück-stände sind mit einem Kreppgummi leicht entfernbar. Nach-teil dieses Layoutklebers sind die unschönen Rubbelreste, die Spuren auf Händen und dem Arbeitsplatz hinterlassen.

Wachsgerät: Sämtliche Vorteile vereinigt ein (relativ teurer) Wachscoater. Er stellt eine umweltfreundliche, nicht gesund-heitsschädliche Alternative dar. Die wachsbeschichteten Teile lassen sich in die gewünschte Position schieben und sind sofort wieder ablösbar, außerdem hinterläßt diese Klebe-methode keine Spuren am Arbeitsplatz.

Transparentes Klebeband: Ist in glänzender und matter Ausführung erhältlich und darf an keinem Arbeitsplatz fehlen.

Sonstige Hilfsmittel

- Weiße **Korrekturflüssigkeit** und weißes **Abdeckband** für Ausbesserungsarbeiten.
- Zur genauen Bezeichnung der Druckfarbe gibt es **Farb-musterfächer,** wobei die Systeme der Firmen HKS und PANTONE am gebräuchlichsten sind. Diese Farbmuster gewährleisten eine verbindliche Übereinstimmung der Entwurfsfarbe mit der Druckfarbe.
- Mühsame Proportionsberechnungen von Formaten erleich-tert die **Rechenscheibe,** bei der man die Ist-Größe mittels der drehbaren Skala der Soll-Größe gegenüberstellt.

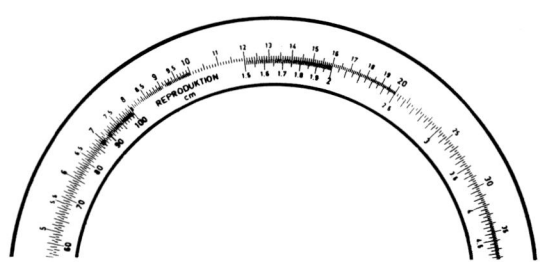

KAPITEL 3

Layouttechniken
Layoutstrich
Darstellungsmöglichkeiten
von Text und Bild

Im Layoutbereich gibt es hinsichtlich der technischen Reali-
sierung keine qualitativen Kriterien. Sämtliche Hilfsmittel sind
legitim. Egal ob gescribbelt, fotografiert, montiert, gepaust,
kopiert, coloriert wird – dem kreativen Gestalter sind bei der
grafischen Umsetzung keine Grenzen gesetzt. Wichtig ist
nur, daß das Reinlayout (wie bereits in Kapitel 1 erwähnt)
einen realistischen Eindruck vermittelt.

**Diese Doppelseite wurde in den verschiedensten Techniken ausgeführt:
Die Bildelemente wurden mit Marker, Bleistift und Kreide aufgescribbelt,
und die Typografie mit Skizzier-, Linientechnik und Handschrift ausge-
arbeitet.**

Der »richtige Layoutstrich«

Um seinen individuellen Layoutstrich zu finden, sollte man auf spielerische Art und Weise das geeignete Werkzeug herausfinden, das einem persönlich liegt. Materialien wie Bleistift, Marker, Aquarellfarbe oder Kreide sollten einfach ausprobiert werden.

Ob man Anzeigen, Bilder, Fotos durchpaust, abscribbelt, überarbeitet oder alltägliche Dinge (von der Zahnbürste bis zum Fernseher) frei zeichnet – wichtig ist, daß auf Details verzichtet wird. Aus rationellen Gründen konzentriert man sich auf das Wesentliche, Details kosten Zeit, Einzelheiten sind in diesem Stadium nicht notwendig. Zu beachten ist auf jeden Fall, daß durch Hell- und Dunkelkonstraste die Darstellung räumlich wirkt.

Dieser doppelseitige Aufriß wurde mit einer lockeren Strichführung (Bleistift) schnell und reduziert aufskizziert.

Zeichnerische Darstellung mit dem Bleistift

Schwarzweiß-Fotoeffekte lassen sich am besten mit einem weichen Bleistift simulieren. Die Grautonabstufungen entsprechen den Grautönen eines Fotos. Tonabstufungen werden folgendermaßen angelegt: Man beginnt mit dem hellsten Tonwert, und durch wiederholtes Schraffieren erhält man den nächstdunkleren Grauwert. Durch Mehrfachschraffierungen steigert man die Intensität der Grauwerte. Plastizität und Schattierungen kann man mit der Reibetechnik »Schummern« erzielen. Mit dem Finger oder Bleistift wird das Graphit auf dem Papier ineinandergerieben. Übergänge werden weicher, mit etwas Geschick lassen sich täuschend echte Fotoeffekte erzielen. Fertige Zeichnungen werden mit Haarspray oder Fixativ wischfest gemacht.

Eine professionelle Ausarbeitung mit Marker läßt dreidimensionale Gegenstände plastisch und realistisch wirken.

Zeichnerische Darstellung mit Markern

Dem Benutzer von Markern wird ein umfangreiches Repertoire an Darstellungsmöglichkeiten angeboten. Scribbles, Illustrationen, täuschend echte Schwarzweiß- und Farblayouts, Farbflächen und Farbverläufe können mit den unterschiedlichsten Markertechniken dargestellt werden.

Marker entfalten ihre höchste Farbbrillanz auf Layoutpapier, da die wasser- und spirituslösliche Farbe nicht ausblutet.

Farbflächen erzielt man mit einem gleichmäßigen Auftragen der Farbe, von oben rechts nach links wird Strichbreite für Strichbreite nach unten gearbeitet.

Stufenlose Farbverläufe werden folgendermaßen angelegt: Man beginnt mit dem hellsten Ton und grundiert mehrmals die gesamte Fläche. Dann setzt man mit dem nächstdunkleren Ton an der Stelle an, an welcher der erste Farbverlauf beginnen soll, und grundiert die Restfläche. Der nächstdunklere Ton wird an der zweiten Verlaufsstelle angesetzt – das Prinzip wird so lange fortgesetzt, bis der gewünschte Farbverlauf erzielt wird. Diese mühselige und schwierige Technik erfordert Geduld. Mit einem in Lösungsmittel getränkten Papiertuch können kritische Verlaufsstellen vorsichtig verrieben und korrigiert werden. Farbverläufe und Farbflächen sind wichtige Bestandteile für Vorder- und Hintergrundkompositionen. Soll ein bestimmtes Motiv im Vordergrund stehen und keine unschönen Anschlußstellen sichtbar sein, so wird das Vordergrundmotiv separat gezeichnet, ausgeschnitten und auf den Farbhintergrund montiert.

Exakte Schattenkanten (siehe Kapitel 2) lassen sich am besten mit zugeschnittenen Pappkanten ziehen, die die überschüssige Farbe aufsaugen.

Für Glanzlicher werden Deckweiß und Pinsel verwendet.

Möglichkeiten der Darstellung von Abbildungen

Die zeichnerische Darstellung im Layout ist relativ zeitaufwendig. An einem Praxisbeispiel soll die Kombination mehrerer Techniken erläutert werden: Nehmen wir einmal an, ein Kunde möchte eine Layoutgestaltung für einen Prospekt, der Surfprodukte vorstellt. Auf Seite 3 soll ein jung-dynamischer Surfer auf den Wellen tanzen und im Hintergrund ein strahlendblauer Himmel abgebildet sein. Das Foto soll Sport und Urlaubsfreude suggerieren.

Zu diesem Zweck werden Fachzeitschriften, Fachkataloge und Prospekte gesammelt, durchgestöbert und ausgewertet. Meistens findet man ein annähernd den Vorstellungen entsprechendes Motiv. Wenn nicht, so kann man mit Bildarchiven Kontakt aufnehmen, die eine Bildauswahl zu den jeweiligen Sachgebieten zusenden – natürlich gegen eine Layoutgebühr.

Nach langem Suchen findet man »das Motiv«. Ein gebräunter Sunnyboy schwebt auf den Wellen... nur – in diesem Fall ist im Hintergrund kein strahlendblauer Himmel abgebildet.

Nun beginnt ein erneutes Suchen nach dem passenden

Dieses Layout einer Surfanzeige wurde hauptsächlich mit Filzstiften und Markern angefertigt. Die Doppeldeutigkeit der Überschrift ist eine originelle Lösung, den Firmennamen »SET« in den Slogan zu integrieren.

Hintergrundmotiv. Ist man fündig geworden, kopiert man mittels Farbkopierer beide Motive auf die gewünschte Größe. Das Vordergrundmotiv wird freigestellt und auf den Hintergrund montiert.

Wenn mehrere Bildausschnitte und Bildteile so lange kopiert, verschoben und überarbeitet werden, bis die passende Komposition gefunden ist, nennt man das »mobiles Layout«.

Wie man Text darstellt

Im fortschrittlichen Zeitalter des Computers läßt sich der Manuskripttext sofort so absetzen, wie er real und konkret als Druckvorlage erscheinen soll. Der Text kann in den vorgesehenen Schriften (Headlines und Fließtext) standgerecht angelegt und ausgedruckt werden. Dieser technische Arbeitsgang spart Zeit, Textänderungen können problemlos vorgenommen werden, da die Texte gespeichert sind.

Sind diese Möglichkeiten nicht vorhanden, so wird ein **Blindtext** ausgewählt und ausgedruckt. Der Blindtext ist ein willkürlich abgesetzter Text, unabhängig vom Wortlaut des Manuskripts. Schriftart, Größe und Zeilenabstand simulieren, wie eine zukünftige typografische Gestaltung aussehen kann. Entsprechende Blindtexte kann man bei einer Setzerei besorgen.

Bei der **zeichnerischen Darstellung von Schrift** werden große und kleine Schriftgrade unterschiedlich behandelt: Große Schriftgrade werden aufskizziert, um die Eigenheiten der Schrift zu vermitteln. Skizziert wird (ab 14 Punkt) immer nach einer gedruckten Vorlage. Kleine Schriftgrade (kleiner als etwa 12 Punkt) werden mit geraden Linien, Zick-Zack- oder Wellenlinien oder angedeuteten Zeichen dargestellt.

Im Layout soll erkennbar sein, wie eine Textspalte läuft, wo eine Bildlegende steht und um welche Satzart es sich handelt. Was Werkzeug und Technik betrifft, gelten die gleichen Kriterien, die bereits in der Einleitung von Kapitel 3 beschrieben sind. Ob Bleistift, Marker, Filzstift oder Pinsel,

Nach diesem heftig an meinen Nerven zerrenden Rückschlag wühlte ich den Boden noch einmal durch entfernte ohne den geringsten Anflug von Tierliebe die werdenden Maikäfer kaufte in einer Gärtnerei fertige Blumenpflanzen, von der einjährigen Sommerblume bis zur (unter gewissen Umständen) alljährlich wiederkehrenden Blüten. Liebevoll vertraute ich die schon kräftig entwickelten Pflanzen dem mehrfach gelockerten Boden an. Dann reichte ich nochmals die Samenhandlung, um wachstumsfördernden Kunstdünger zu erstehen. Das Angebot von Blumentreibstoffen war von verwirrender Vielfalt. auf den Etiketten der Blecheimer und Zellophanbeutel wurden Mischungen von Mikrostoffen, Zink-, Kupfer- und eisen-Spurenelementen, Vitamin B und triebfördernden Wachstumshormonen angepriesen. Ich war gern bereit, meinen Pflanzen ein ungehemmtes Triebleben zu ermöglichen. Ich schleppte zwei verschiedene Sorten Vollkraftdünger nach Hause und las, vor meinen Beeten knieend, die kleingedruckte Gebrauchsanweisung der ersten Sorte. Da hieß es: Pro Liter Erde nehme man 1,5 Gramm und vermische innig. 27. September 1982. Gesetzt auf diatype der H. Berthold AG, Berlin.

ign

Beim Ausschneiden von Texten sollte man möglichst eng entlang der Konturen gehen. Die Schnittkanten beeinträchtigen die Beurteilung des Textes, sie sollten deshalb möglichst wenig auffallen.

Verschiedene Anordnungsmöglichkeiten typografischer Elemente auf einer Seite (siehe auch Seite 28).

das geeignete Werkzeug und Material sollte jeder herausfinden. Für die Arbeiten mit Schriften empfiehlt es sich, entsprechende **Schriftmusterbücher** und **Schriftkarteien** zu verwenden. Schriftmuster können als Skizziervorlage verwendet oder auch (durchgepaust oder kopiert) ins Layout montiert werden. Für Headlines können auch verschiedenartige **Abreibebuchstaben** verwendet werden.

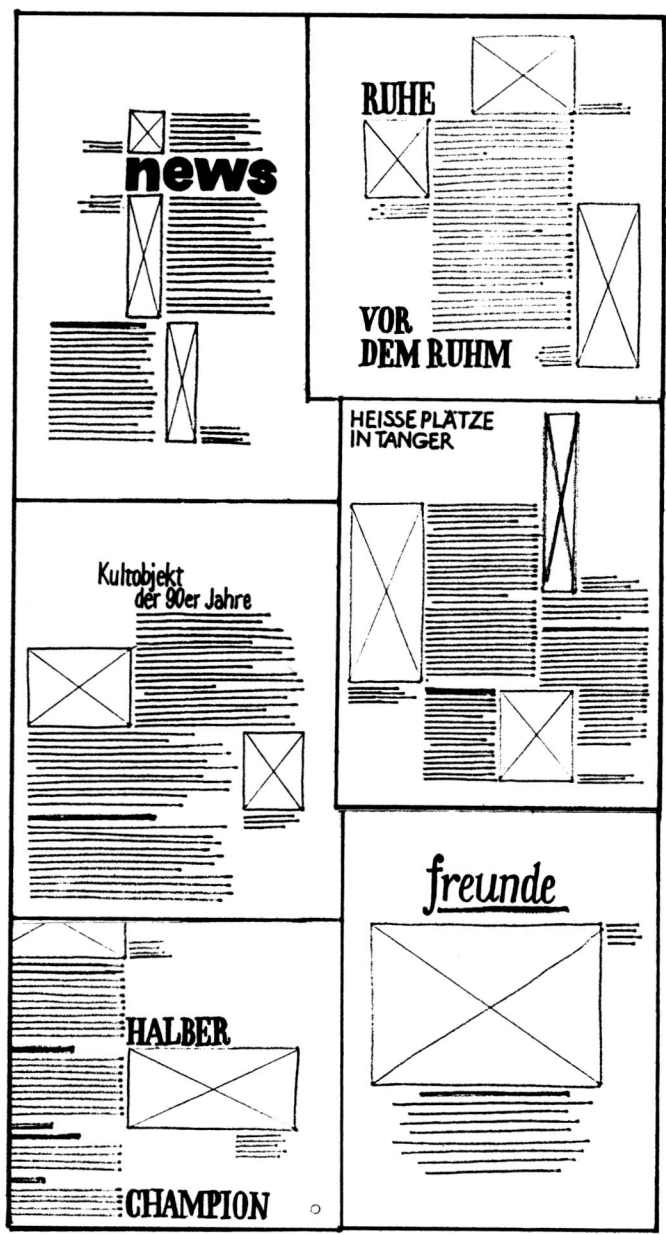

Die Typographie

KAPITEL 4

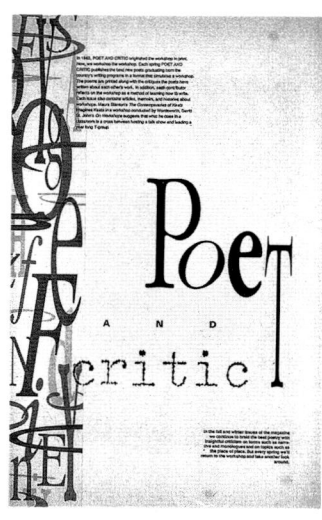

Typografie als Bildelement

Typografie

Typografie kann man definieren als Kunst, eine Einheit zwischen der ästhetischen Form der Schrift und dem Inhalt des Textes zu bilden. Zweck der Typografie ist es, einen Text lesbar und ansprechend zu gestalten. Sie ist wesentlicher Bestandteil der visuellen Kommunikation. Schriften begegnen uns in den unterschiedlichsten Formen – ob man die morgendliche Zeitung liest, auf dem Weg in die Arbeit Plakatwände, Schilder und Verkehrszeichen wahrnimmt oder den abendlichen Werbespots (mehr oder weniger) Beachtung schenkt… Die Schrift ist allgegenwärtig.

Die Vielfalt der Schriften ist abhängig von Stil und Mode. Eine Übersicht über die Formvielfalt der vorhandenen Druckschriften vermittelt die Klassifikation der Schrift. Die Klassifikation teilt die Schrift in elf Gruppen auf.

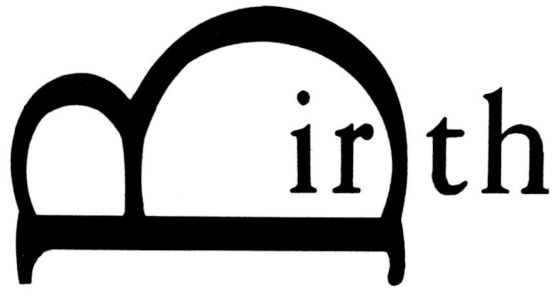

Die Schriftklassifikation DIN 16518 hat elf Gruppen:		
I	Venezianische Renaissance-Antiqua	Trajanus
II	Französische Renaissance-Antiqua	Palatino
III	Barock-Antiqua	Times Antiqua
IV	Klassizistische Antiqua	Corvinus
V	Serifenbetonte Linear-Antiqua	Memphis
VI	Serifenlose Linear-Antiqua	Helvetica
VII	Antiqua-Varianten	LARGO
VIII	Schreibschriften	Diskus
IX	Handschriftliche Antiqua	Hyperion
Xa	Gotisch	Caslon-Gotisch
Xb	Rundgotisch	Weiß-Rundgotisch
Xc	Schwabacher	Alt-Schwabacher
Xd	Fraktur	Fette Fraktur
Xe	Fraktur-Varianten	Rhapsodie
XI	Fremdländische Schriften	ВГДЕЖЗ

Garamond

Garamond kursiv

Garamond halbfett

Garamond halbfett kursiv

Garamond fett

Futura mager Fotoheadline Dem

Futura Buch Fotoheadline Dem

Futura halbfett Fotoheadlines

Futura dreiviertelfett Fotohe

Futura kräftig Fotoheadlines

Futura fett Fotoheadline

Futura extrafett Fotohea

Futura Extra Bold Fotoh

Futura schmalhalbfett Fotoheadline Demo

Futura schmalfett Fotoheadline De

Futura extrafett schmal Foto

Futura Extra Bold Condensed

Futura mager schräg Fotoheadline

Futura Buch schräg Fotoheadlin

Futura halbfett schräg Fotohea

Futura dreiviertelfett schräg Fo

Futura fett schräg Fotoh

Futura extrafett schräg

Futura schmalfett schräg Fotohea

Futura Extra Bold Cond. Italic

Im Hinblick auf Stil und formale Merkmale möchte ich auf das Buch »Druckschriften« in der Reihe »novum praxis« bei Bruckmann verweisen. Joachim Weichert hat die **Schriftklassifikationen** ausführlich dargestellt.

Die meisten Schriften liegen in unterschiedlichsten Varianten vor. Die Gesamtheit aller Varianten einer Schrift wird als **Schriftfamilie** bezeichnet. Die Varianten kann man nach Strichstärke, Strichbreite und Schriftlage einteilen, man bezeichnet sie als Schriftschnitt. Eine optisch differenzierte Wirkung der Schrift ist abhängig vom ausgewählten **Schriftschnitt.**

Schriftgrößen

Das typografische Maßsystem einer Schrift wird in Punkt angegeben (siehe Kapitel 2 »Typometer«). Der Näherungswert für die Praxis: 1 Punkt entspricht ca. 0,376 mm.

Wie eine Schrift wirkt, kann von der Schriftgröße abhängig sein. Die Schriftgrößen lassen sich in drei Gruppen gliedern:

Konsultationsgrößen

6 p   Kegelgröße
7 p   Kegelgröße
8 p   Kegelgröße

Lesegrößen

9 p   Kegelgröße
10 p   Kegelgröße
12 p   Kegelgröße

Schaugrößen

14 p   Kegelgröße (Lesegröße für Kinder)
16 p   Kegelgröße
20 p   Kegelgröße
24 p   Kegelgröße
28 p   Kegelgröße
36 p   Kegelgröß
48 p   Kegelgr

Modifikation

Grundlegende Modifikationen sind die Veränderung der
Buchstabenabstände wie im folgenden Beispiel:

normaler Abstand
enger Abstand
weiter Abstand
g e s p e r r t e r   A b s t a n d

Bei gesperrten Abständen wirkt die Fläche zwischen den
Buchstaben zu intensiv. Der eigene Schriftgrauwert geht
verloren, und bei Lauftexten ist der Leserhythmus gestört.
Zur Hervorhebung einzelner Wörter ist die Sperrung jedoch
gut geeignet.

Im Foto- und Computersatz können Schriften beliebig
modifiziert werden. Schriften können extrem hoch oder breit
verzerrt werden, sie können spationiert oder eng gesetzt
werden, man kann sie an eine Form anpassen (Form- und
Wellensatz), Raster und Muster können in die Schrift
einkopiert werden – den Modifikationsmöglichkeiten sind
keine Grenzen gesetzt. Man sollte jedoch mit diesen
technischen Spielereien äußerst sorgsam und sparsam
umgehen, da die Schrift an Eigencharakter verliert.

Leider werden wir im Alltag mit typografischen Negativbei-
spielen bombardiert (vom Flugblatt bis zum Kinoprogramm).
Man stellt oft fest, daß die Modifikationsfreudigkeit nur von
einem Dilettanten kommen kann, der kein typografisches
Feingefühl besitzt, dafür aber stolzer Besitzer eines Grafik-
Computers ist.

Modifikation
Modifikation
Modifikation
Modifikation
Modifikation
Modifikation
Modifikation
Modifikation
Modifikation
Modifikation
Modifikation
Modifikation

Schriftmischungen

Eine gute Schriftmischung sollte sorgfältig überlegt sein. Prinzipiell verursachen zu viele Schriftmischungen Disharmonie und Chaos.

Für Drucksachen sollte man maximal drei Schriften verwenden, eher weniger. Mischungen innerhalb einer Familie sind problemlos, jedoch sollte man mit den Mischungen sparsam umgehen, da das menschliche Auge nur eine bestimmte Anzahl an differenzierten Auszeichnungen wahrnimmt.

Das Mischen von Schriften einer Gruppe (z. B. Helvetica mit Univers) ist unprofessionell, weil die Schriften stilistisch gesehen zu ähnlich sind. Aus dem gleichen Grund sollten auch Renaissance- und klassizistische Antiquaformen nicht untereinander vermischt werden. Eine gute Schriftmischung unterschiedlicher Gruppen erfordert Feingefühl. Die Harmonie, der Gegensatz und die Kontrastwirkung von Schriftmischungen sind abhängig vom Schriftcharakter.

Schulen Sie Ihr Auge für Schriftmischungen, indem Sie sämtliche Drucksachen, die Ihnen zur Verfügung stehen, kritisch bewerten.

Schriftwahl

»Wer die Wahl hat, hat die Qual.« Bei dem reichhaltigen Schriftenangebot fällt die Schriftwahl manchmal schwer. Bei der Auseinandersetzung zwischen Schrift und Kommunikationsaussage sollen Analogien hergestellt werden. Die ästhetische Form der Schrift sollte mit dem Inhalt eine Einheit bilden. Man wird mit Fragen konfrontiert wie: Welche Schrift verwende ich für welches Kommunikationsmedium (Plakat, Anzeige, Visitenkarte…), wie wirkt die Schrift, was assoziiere ich usw.

Für das Erscheinungsbild einer Baufirma z. B. sollte die Schrift einprägsam sein, Wiedererkennungscharakter besitzen und Assoziation wie Fundament oder Bodenständigkeit vermitteln. Eine kursive Antiquaschrift wäre vollkommen unangebracht, eine fette Futura hingegen bildet eine Einheit mit dem Kontext.

Die kursive Antiquaschrift würde sich dagegen für die Geschäftspapiere eines Friseurs eignen, da die Schrift vom Duktus (Stil) weiche Linien aufgreift. Harmonie bzw. Disharmonie mit der inhaltlichen Aussage ist abhängig vom jeweiligen Duktus.

Folgende Gegenüberstellung verdeutlicht den Zusammenhang zwischen Schriftwahl und Inhalt.

Deutsche Bank

PEUGEOT

GIORGIO

ARMANI

Schweppes

4711

TOSCA

COUNTRY

INA CARONNE

Barbie

LÖWENBRÄU
MÜNCHEN

Klosterfrau

Deutsche Bank

PEUGEOT

GIORGIO ARMANI

Schweppes

Famous since *1783*

4711

TOSCA

COUNTRY

INA CARONNE

LÖWENBRÄU
MÜNCHEN

Barbie

›Kloſterfrau‹

Satzformen

Eine Satzform besteht aus gleich langen oder unterschiedlich
langen Zeilen.
Die vier **Satzgrundformen** sind:

Mittelachsensatz

linksbündiger Flattersatz

rechtsbündiger Flattersatz

Blocksatz

Beim Mittelachsensatz werden die Zeilen auf eine Achse
angeordnet, wodurch sich ein optisches Gleichgewicht
ergibt. Beim links- und rechtsbündigen Flattersatz ergibt sich
jeweils links oder rechts eine vertikale Achse; ein lockeres
und spannungsreiches Bild entsteht. Linksbündiger Flattersatz ist gut lesbar, rechtsbündiger weniger.
Gleich lange Zeilen können bei gleichförmigen Texten
angewendet werden (Zeitung, Buch).

Lesbarkeit der Schrift

Um zusammenhängende oder kurze Texte schnell visuell zu
erfassen, ist eine gute Lesbarkeit ein wesentliches Kriterium.
Die Lesbarkeit bestimmt den Grad der Geschwindigkeit und
die Leichtigkeit des Lesens solcher Texte. Um Texte gut lesbar
zu gestalten, sollten folgende Punkte beachtet werden:

weitere Satzformen:

Anordnung

Linie

Formsatz

Figurensatz

Zwischenraum

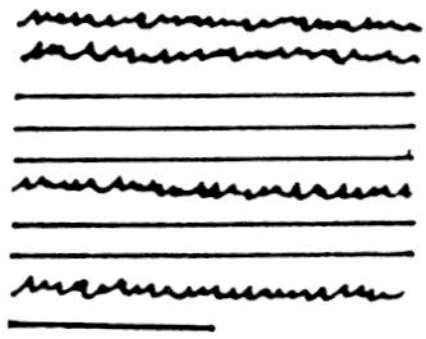

Schriftmischung

- Ein **aus Versalien gesetzter Lauftext** wirkt monoton, da im Schriftbild Ober- und Unterlängen fehlen. Dadurch ermüdet das Auge relativ schnell. Für **Headlines** können leicht gesperrte Versalien problemlos verwendet werden.
- **Kursivschriften** sind um weniges schwieriger zu lesen als **Antiquaschriften.** Bei Hervorhebungen von einzelnen Stellen in einem Lauftext wird der Leserhythmus nicht gestört.
- **Schmalfette und halbfette Schriften** verringern die Lesbarkeit, je mehr sie vom normalen, geradestehenden Schriftbild abweichen. Fette Schriften sind als Lauftext schwer lesbar und deshalb sparsam anzuwenden. Für Überschriften sind sie jedoch unentbehrlich, da sie durch den dunklen Grauwert sofort ins Auge stechen.
- Pro Zeile sind etwa 50–55 Buchstaben optimal zu lesen. Ab 55 Buchstaben ermüdet das Auge, und der Leserhythmus ist gestört. Größere **Schriftgrade** sollten breiter gesetzt werden, kleinere Schriftgrade schmaler.
- Der **Zeilenabstand** ist abhängig von der **Zeilenbreite.** Je breiter die Zeile, desto mehr Zeilenabstand ist erforderlich. Der Zeilenabstand sollte mindestens so groß sein wie ein normaler Wortzwischenraum. Je größer ein Schriftgrad ist, desto wichtiger ist ein gleichmäßiger Zeilenabstand. Gemessen wird jeweils von Schriftlinie zu Schriftlinie.
- Bei **negativen Schriftformen** wirkt die weiße Schrift auf dunklem Hintergrund sehr intensiv und ist daher bei fortlaufenden Texten schwer lesbar und deshalb ungeeignet. Negativschriften wirken immer größer als Positivschriften und sollten immer kleiner ausgewählt werden als der Grundtext. Für bestimmte Hervorhebungen sind Negativschriftformen als Stilmittel gut anwendbar.
- Auf einem weißen oder gelblichen Papier ist eine schwarze Druckschrift am besten lesbar. Glänzende Papiere oder farbige Untergründe vermindern die Lesbarkeit.

Die vier wichtigsten Bestimmungsfaktoren der Lesbarkeit sind:
- Durchschuß
- Schriftart
- Schriftbild
- Satzbreite

Es gibt keine Richtlinien; die vier Faktoren bedingen sich gegenseitig.

Satzspiegel
Raster

KAPITEL
5

Satzspiegel

Layouten und Gestalten basiert auf einer Papierfläche. Rechteckige Papierflächen wirken spannungsreicher, weil die vertikalen und horizontalen Kräfte asymmetrisch sind. Eine quadratische Fläche hingegen wirkt durch die symmetrische Kräfteverteilung spannungslos.

Die bedruckte Fläche auf einer Seite bezeichnet man als Satzspiegel. Der Satzspiegel beinhaltet eine Festlegung von Stand, Anordnung und Stellung des Satzes auf dem Papierformat. Das Maß in der Höhe und Breite darf außerhalb des Satzspiegels nicht überschritten werden. Nur die Anordnung der Seitenzahl (**Pagina** oder auch toter Kolumnentitel genannt) steht immer außerhalb des Satzspiegels. Der **lebende Kolumnentitel** besteht aus Zutaten, wie z. B. Kapitelüberschrift oder Fußtitel, und ist in den Satzspiegel integriert.

Was die Seitengestaltung betrifft, so sollten formale Aspekte beachtet werden, ein neuer Kapitelbeginn z. B. sollte nie am Ende einer Seite stehen.

In der Buchgestaltung ist die Festlegung eines Satzspiegels oberstes Gebot. Die Proportionsaufteilung hat einen großen Einfluß auf das Gesamterscheinungsbild. Eines der ältesten Proportionsmaßverhältnisse ist der **Goldene Schnitt**. Er entspricht dem Zahlenverhältnis von 1:1,618…

Von einer vorgegebenen Kolumne aus wurden das Format der Seite und der Stand festgelegt. Bund-, Kopf-, Außen- und Fußsteg stehen in den Verhältnissen 3:4:6:8 (Englische Regel).

Eine 12er-Teilung nutzt die Papierfläche am stärksten aus. Die 6er-Aufteilung läßt außen viel Weißraum und wirkt deshalb großzügig, ist jedoch aus produktionstechnischen Gründen oft zu kostspielig, da der Seitenumfang zunimmt.

Mit etwas Erfahrung entwickelt man ein sicheres Gefühl für passende Proportionen, ohne die mathematischen Regeln anzuwenden.

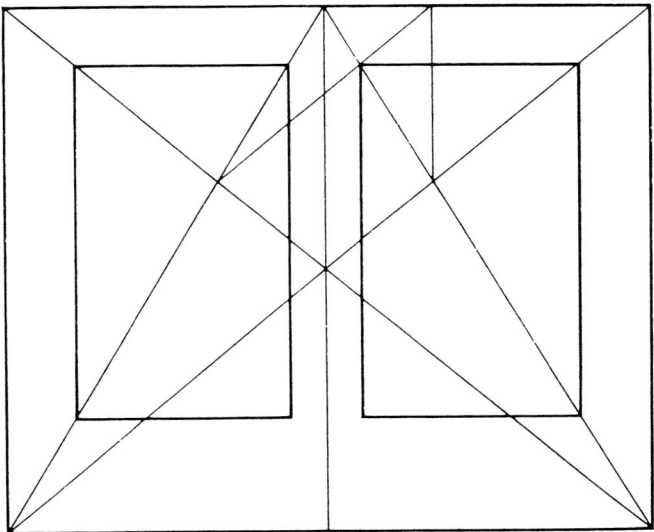

12er-Teilung einer Doppelseite, ausgehend von der Diagonalen der Doppelseite, die sich mit der Diagonalen der Einzelseite kreuzt.

Mathematische Berechnung der 9er-Teilung: Höhe und Breite der Einzelteile werden in neun gleiche Teile unterteilt und ergeben die gleichen Proportionen wie die geometrische 9er-Teilung.

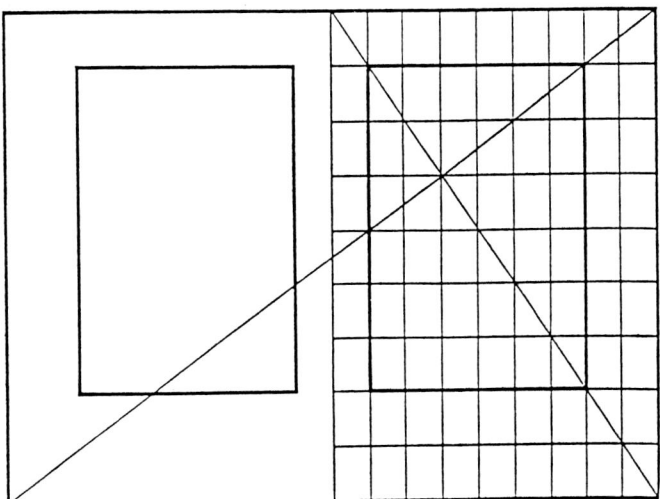

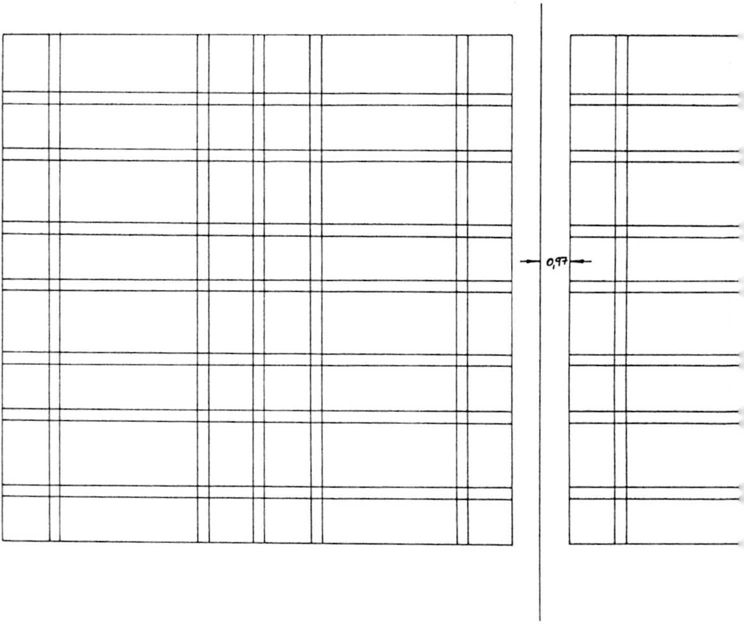

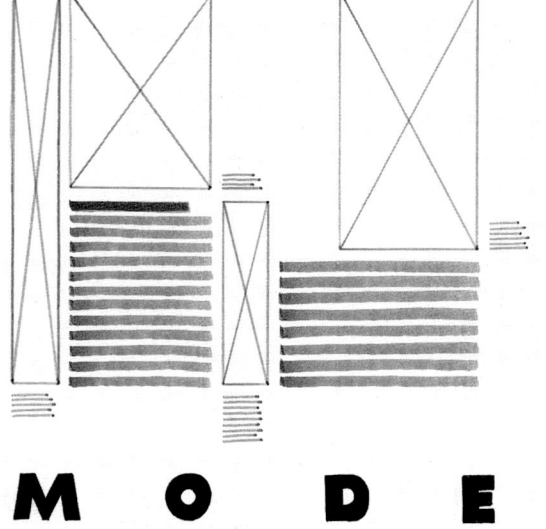

M O D E W

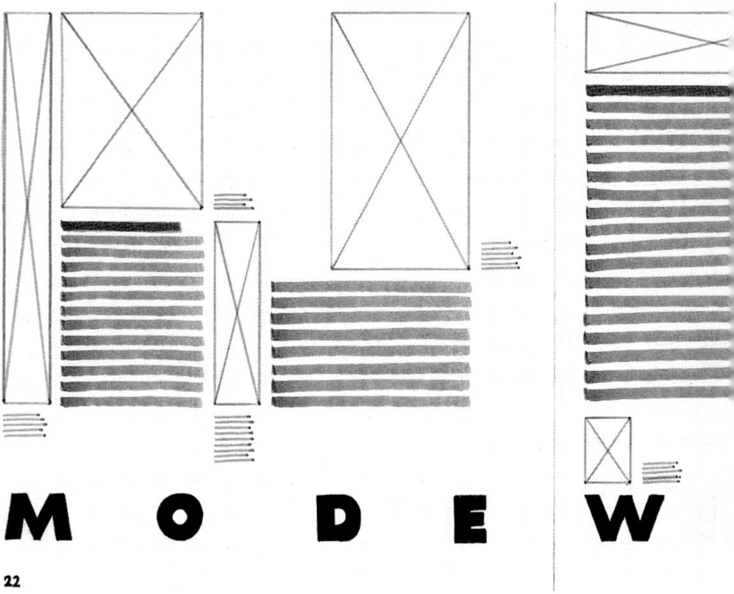

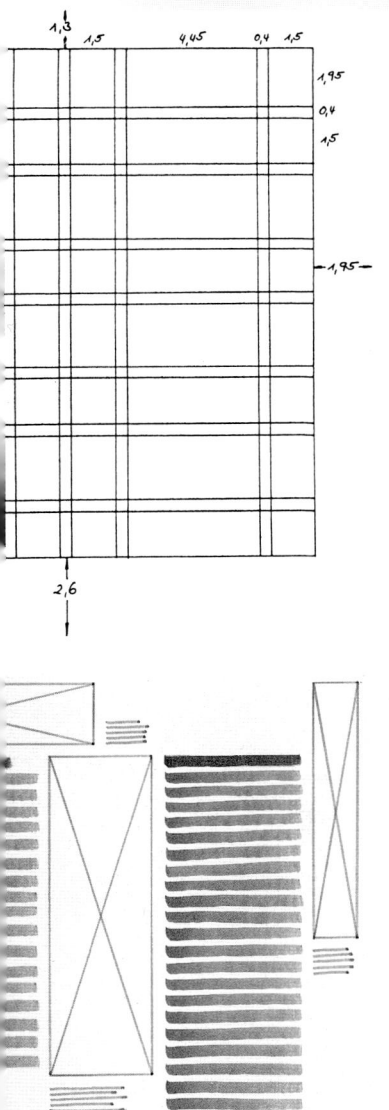

Rastersysteme

Um Fotos, Bilder, Illustrationen, Texte und Tabellen nach einem sachlichen, funktionellen und gestalterischen Ordnungsprinzip zu kombinieren, sollte ein Rastersystem entwickelt werden. Den meisten Druckerzeugnissen wie Buch, Katalog, Broschüre, Prospekt, Zeitung und Zeitschrift liegt ein Rastersystem zugrunde.

Die Grundlage für die Rasterentwicklung ist die Bestimmung des Satzspiegels. Der Satzspiegel wird horizontal in Zeilenraster und vertikal in Spaltenbreiten aufgeteilt. Spaltenbreite, Anzahl der Spalten und Spaltenzwischenräume bestimmen die vertikale Aufteilung.

Der horizontale Zeilenraster richtet sich nach dem Schriftgrad und dem Durchschuß des Lauftextes. Wird beispielsweise im Lauftext eine 9-Punkt-Schrift mit einem Durchschuß von 2 Punkt verwendet, ergibt sich ein Zeilenraster von 11 Punkt, also von Schriftlinie zu Schriftlinie.

23

Anordnungsmöglichkeit von Text und Bild innerhalb des konstruierten Rasters auf einer Doppelseite

Innerhalb dieses entwickelten Rastersystems können einzelne Elemente wie Zeile, Texte, Bilder, Fotos, Anzeigen und Tabellen variantenreich angeordnet werden. Bild- und Textgröße sind abhängig von der vertikalen und horizontalen Linienaufteilung.

Dieses System läßt zahlreiche Gestaltungsvarianten zu, unterschiedlich große Elemente und Freiräume schaffen Dynamik und Spannung.

Viele unterschiedlich gestaltete Seiten ergeben ein komplexes Ganzes, jedoch basiert jede Seite auf der Konstante des Rasters.

Aus dem Rastersystem ergeben sich die Angaben für den Setzer, es ist somit ein rationelles Hilfsmittel.

Für Layout und Umbruch am Computer ist dieses bewährte Rastersystem ebenso unverzichtbar. Die Seitengestaltung kann direkt am Bildschirm durchgeführt werden.

Die Verteilung von Text und Bild im Rastersystem
Auf einer Doppelseite werden Text und Bild so verteilt, daß sich eine optische Einheit ergibt. Bildgröße und Bildanzahl bestimmen in erster Linie die Aufteilung. Es sollte prinzipiell vermieden werden, mehrere Bilder stufenartig untereinander anzuordnen, Bildstufen zerstören den Gesamteindruck.

Um ein Gefühl für eine kontrastreiche und rhythmische Text-/Bildaufteilung zu erhalten, empfiehlt es sich, auf spielerische Art und Weise Textblöcke, Überschriften und Bilder so lange anzuordnen, bis ein optisches Gleichgewicht hergestellt ist. Die folgenden Seiten demonstrieren, wie variantenreich Texte und Bilder aufgeteilt werden können.

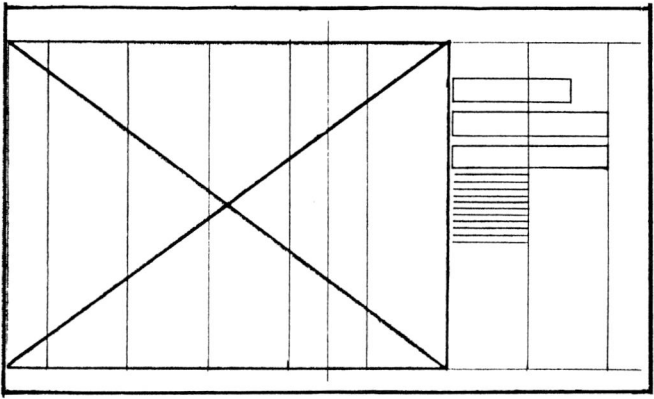

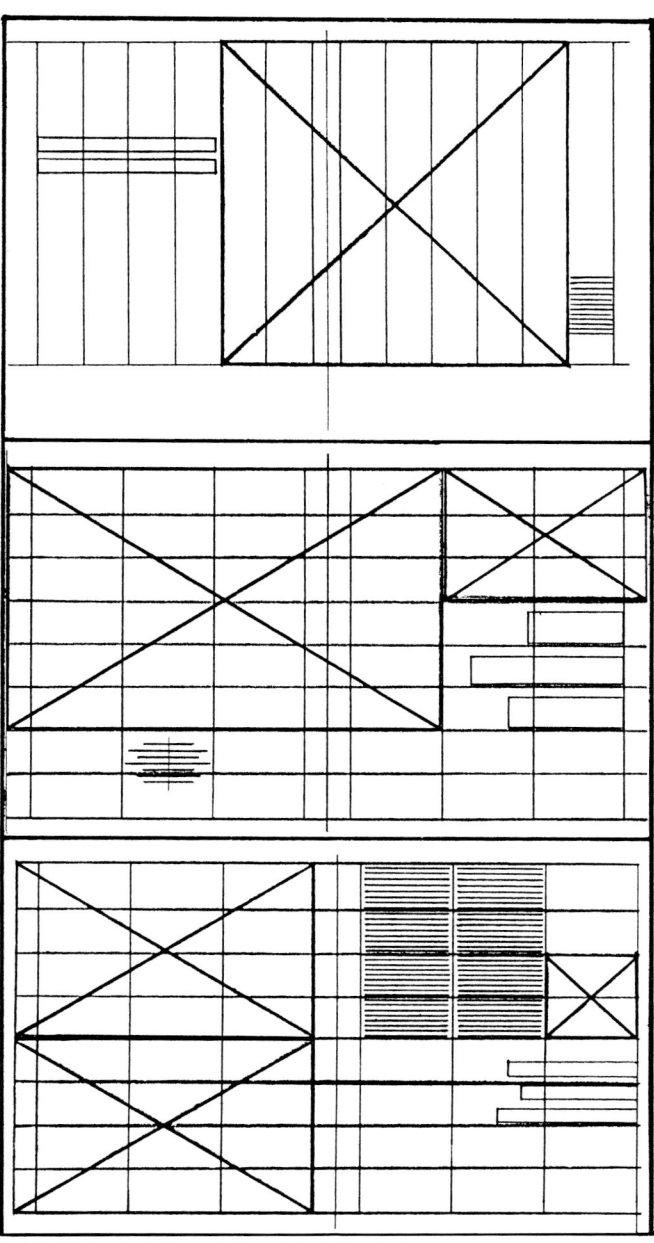

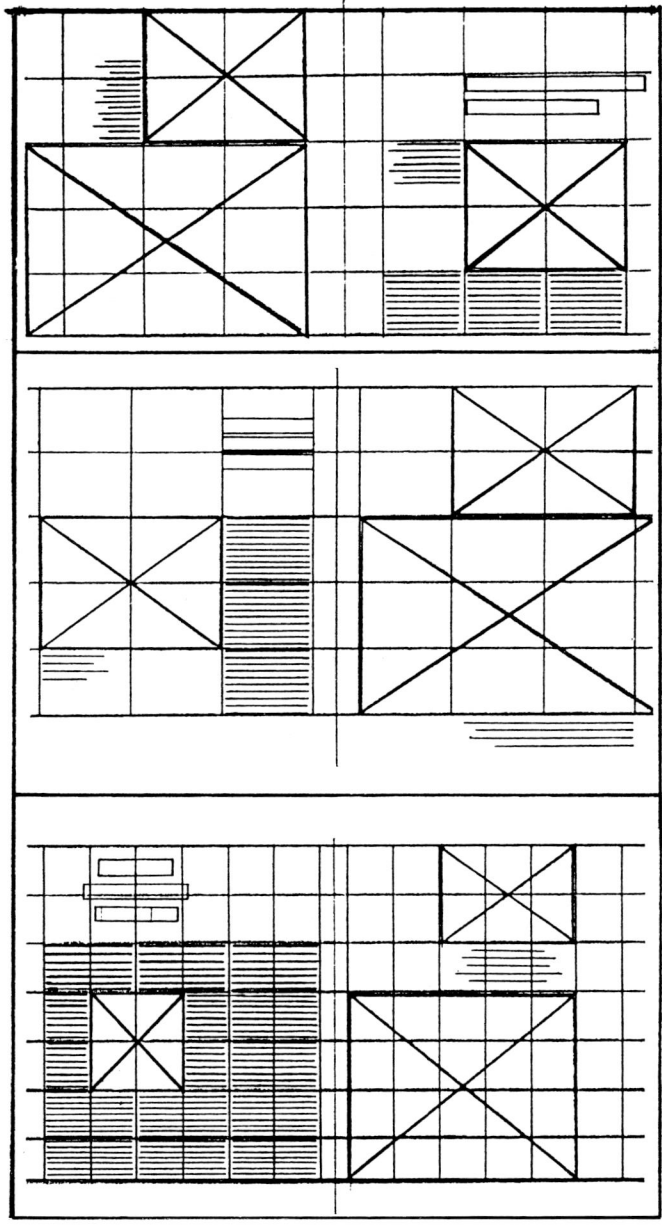

KAPITEL 6

Anwendungsbeispiele
Geschäftspapiere
Corporate Design
Anzeige/Plakat
Prospekt/Broschüre/Katalog
Zeitschrift/Magazin
Buch/Buchumschlag

Geschäftspapiere

Im Geschäfts- oder Privatbereich ist der Briefverkehr ein wichtiges Kommunikationsmittel. Jeder **Briefkopf** repräsentiert das Image einer Firma, einer Institution oder Privatperson. Die Gestaltung soll den individuellen Charakter des Unternehmens widerspiegeln. Der Briefkopf für eine Bank z. B. soll Diskretion, Seriosität und Information vermitteln und deshalb klar und sachlich gestaltet sein. Ein Designer hingegen wird mittels Briefkopf seine individuelle Kreativität zum Ausdruck bringen.

Briefpapiere repräsentieren jedoch nicht nur eine bestimmte Philosophie, sondern geben dem Empfänger Informationen über Adressat, Firma oder Institution. Die Informationen beinhalten Adresse, Bankverbindung, Telefon- und Telefaxnummer und Gerichtsstand.

Um gerade im Geschäftsleben zusätzlich unnötige Schreibarbeiten zu vermeiden, wurde ein standardisierter **DIN-A4-Normbriefkopf** entwickelt. Genaue räumliche Plazierungen wie Adressenfeld, »Ihr Zeichen«, »Unser Zeichen« und Datum sorgen für schnellere Bearbeitung. Die Faltmarkierung gewährleistet eine gut sichtbare Empfängeranschrift bei Fensterumschlägen.

Büroorganisatorischen Zwecken und zusätzlich einer sauberen Archivierung dienen die auf Mitte gekennzeichneten Lochmarken.

Sämtliche Geschäftspapiere unterliegen aus postalischen und funktionellen Gründen der DIN-Norm. Folgende Formate sollten in der Gestaltungsphase berücksichtigt werden:

```
A6 = 105×148 mm (Postkarte, Aufkleber)
A5 = 148×210 mm (kleiner Briefbogen)
A4 = 210×297 mm (normaler Briefbogen)
Umschläge:
C6 = 114×162 mm (Kurzhülle)
     119×220 mm (DIN lang)
C5 = 162×229 mm (Briefbogen einmal gefalzt)
C4 = 229×324 mm (ungefalzte Formulare)
```

Visitenkarten sind nicht DIN-Norm abhängig. Die Formate können regelmäßig oder unregelmäßig angelegt werden, jedoch zeigt die Praxis, daß Visitenkarten in Scheckkartenbehältnisse, Brieftaschen oder genormte Fächer passen und deshalb nicht größer als 85×54 mm sein sollten.

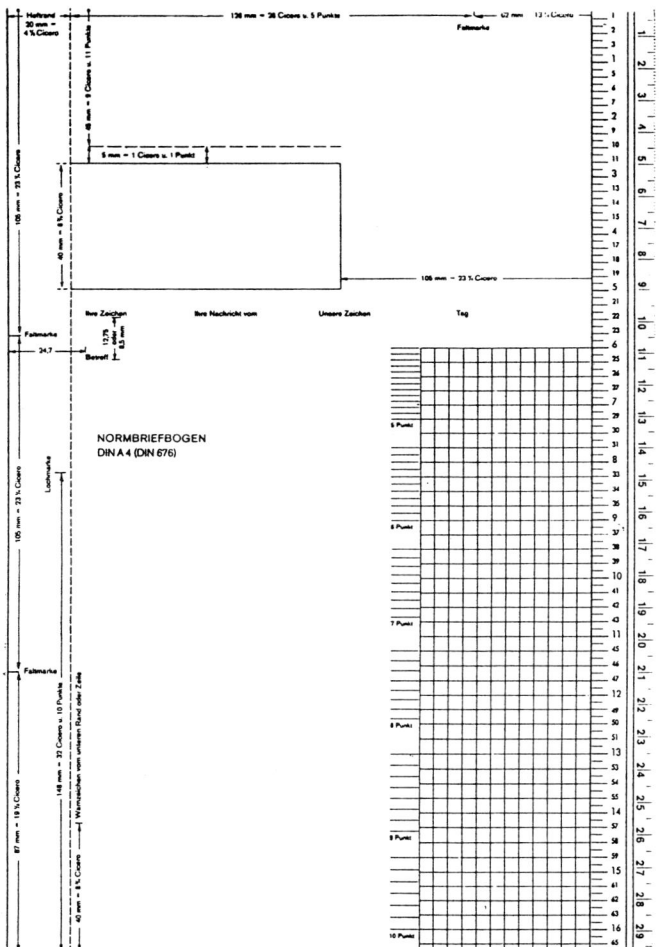

NORMBRIEFBOGEN
DIN A 4 (DIN 676)

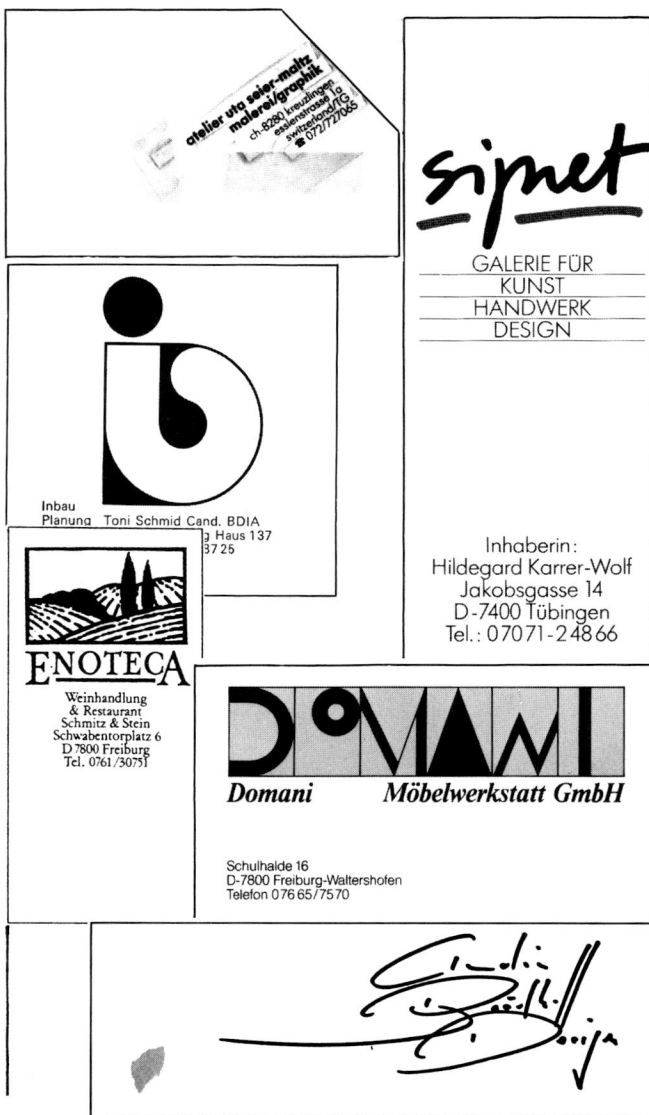

Gestaltungsbeispiele für Visitenkarten

GALERIE FOR
KUNST
HANDWERK
DESIGN

Signet, Galerie für Kunst, Handwerk, Design · Jakobsgasse 14 · 7400 Tübingen

Inhaberin:
Hildegard Karrer-Wall
Jakobsgasse 14
D-7400 Tübingen
Telefon 0 70 71/2 48 66
Bankverbindung:
Kreissparkasse Tübingen
Kto. Nr. 172770
BLZ 641 500 20

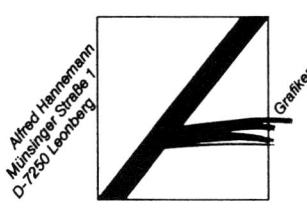

Beratung & Therapie

Psychotherapeutische Praxis
Dipl. Soz. Päd. Gerda Hecht
Dipl. Psych. Gerhard Hecht
Prüfeninger Straße 46
D-8400 Regensburg
Telefon 109 41/ 2 39 15
Sprechzeiten: Di u. Do 9–11

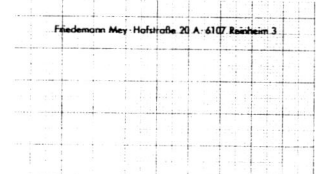

Friedemann Mey · Hofstraße 20 A · 6107 Reinheim 3

Architekturmodellbau
Friedemann Mey

Hofstraße 20 A
6107 Reinheim 3
Telefon 0 61 62/8 10 52

Gestaltungsbeispiele für Briefköpfe

Zu Beginn einer Gestaltungsarbeit von Geschäftspapieren sollte man sich konkrete Gedanken über die **Firmenphiloso-phie** machen und darüber, welche **Zielgruppe** angesprochen werden soll. Bei der grafischen Umsetzung ist die Schriftwahl ein wesentliches Kriterium (siehe Kapitel 4: Schriftwahl). Der Firmenname sollte mittels Schriftwahl so hervorgehoben werden, daß eine Identifikation erreicht wird.

Angaben wie Adresse, Telefon- und Telefaxnummer, Bankverbindung und Rechtsform sollten möglichst in ein bis zwei Schriftarten und -größen abgesetzt werden. Eine klare, reduzierte Typografie ermöglicht ein harmonisches Layout. Die Schriftgröße und Stellung des Textes ist abhängig vom **Firmensignet.** Das Signet ist Symbol und Erkennungszeichen einer Firma und sollte bei sämtlichen Geschäftspapieren an einer bestimmten Stelle plaziert werden (z. B. immer rechts oben oder immer auf Mittelachse). Die Anordnung von Signet, Firmenname und Adresse sollte eine Einheit bilden. Wenn die Geschäftspapiere mehrfarbig werden, wird das Element **Farbe** auf das gesamte Erscheinungsbild abgestimmt. Die Farbwahl kann produktorientiert sein, für eine metallverarbeitende Firma würde sich ein kaltes Blau oder Silber eignen. Viele Firmen haben ihre eigene Hausfarbe, die im Rahmen des Erscheinungsbildes eindeutig definiert wurde. Egal ob Firmenschrift, Logo oder eine Schmucklinie farbig wird, wichtig ist, daß die Farbe identisch mit der Hausfarbe ist.

Aus produktionstechnischen und postalischen Gründen spielt die **Papierwahl** eine wichtige Rolle. Sämtliche Feinpapierhersteller liefern auf Anfrage eine breite Papiermusterpalette. Es gibt Papiere mit viel und wenig Holzanteil, mit und ohne Wasserzeichen, getöntes und strukturiertes Papier, Recyclingpapier ... – auch die Papierwahl trägt zum Gesamterscheinungsbild bei. Zu beachten ist, daß die Lesbarkeit bei getöntem oder strukturiertem Papier leidet, und die Druckfarbe nicht voll zur Geltung kommt.

Wesentliche Aspekte bei der Papierwahl sind **Papierstärke** und **Gewicht.** Um unnötige zusätzliche Portokosten zu vermeiden (ein Standardbrief wiegt bis zu 20 g), sollte das Papier zwischen 60 und 110 g/m^2 wiegen. Korrespondiert eine Firma viel mit dem Ausland, empfiehlt es sich, leichteres Papier zu verwenden. Was die Papierwahl von Visitenkarten betrifft, ist eine Papierstärke von 250 bis 300 g/m^2 optimal.

Die formale und funktionelle Qualität von Geschäftspapieren zeigt sich erst in der Anwendungspraxis (beschriebener Zustand). Es ist also zu empfehlen, einen Musterbrief

Geschäftspapiere einer Baufirma

anzulegen. Die Papier-, Schrift- und Farbwahl und das Signet formen den Gesamteindruck eines Unternehmens. Dieser einheitliche Charakter von immer wiederkehrenden Formmerkmalen sorgt für ein einprägsames Erscheinungsbild und eine klare Gestaltungslinie.

**Corporate
Design im
Einzelhandel,
angewendet im
Printmedien-
bereich**

Corporate Design
Beim Corporate Design (Erscheinungsbild) werden die beim
Geschäftspapier genannten Elemente des Erscheinungsbildes, die sich gegenseitig bedingen, konsequent eingesetzt.
Das Corporate Design steht für Stil und Image einer Firma,
und diese spezifische Identität sollte nach innen und außen
repräsentiert werden. Dieser »rote Faden« zieht sich durch

von den Geschäftspapieren über die hausinterne Firmenzeitung, die Hausbeschriftung, den Fuhrpark, sämtliche PR-Maßnahmen und Verpackungen bis hin zur Berufskleidung. Diese konsequente Selbstdarstellung hat Signalwirkung und Wiedererkennungswert und vermittelt dem potentiellen Kunden Geschlossenheit und Vertrauenswürdigkeit.

Die Anzeige

Die Anzeige ist ein Kommunikations- und Werbemittel und wird vorwiegend in Zeitungen, Zeitschriften, Büchern und Magazinen abgedruckt. Sie kann informieren und soll Reaktionen hervorrufen, wie z. B. Bestellung oder Kauf eines Produkts.

Anzeigen treten mit den unterschiedlichsten Inhalten und Formaten auf. Die Größe ist standardgenormt und abhängig von Satzspiegel und Spaltenbreite des jeweiligen Zeitungs- oder Zeitschriftenformats. Die Anzeige sollte die Aufmerksamkeit des Lesers erregen und bei mehrmaliger Schaltung Wiedererkennungseffekt vorhanden sein. Eine gängige Methode, die Akzeptanz einer Anzeige beim Leser zu testen, ist die Integration eines Antwortcoupons (z. B. zur Teilnahme bei einem Preisausschreiben).

Die Plakativität und Wirkung einer Anzeige ist abhängig von ihrer Plazierung. So wirkt z. B. eine Anzeige auf der rechten Seite dominanter als auf einer linken Seite. Anzeigen lassen sich folgendermaßen untergliedern:

Die Kleinanzeige

Die Inserate einer Kleinanzeige gehen von einem Auftraggeber aus und sind geschäftlichen, amtlichen oder privaten Ursprungs. Im Lokalteil der Tageszeitung wird man mit einer regelrechten Bleiwüste aus Kleinanzeigen konfrontiert, seien es Geschäftsverbindungen, Sonderangebote, Verkäufe, Immobilienmarkt... – viele dieser Anzeigen sind schlecht lesbar, wirken undekorativ und einfallslos und hinterlassen durch eine undifferenzierte Gestaltung einen oberflächlichen Eindruck. Aus finanziellen Gründen (der Anzeigenpreis richtet sich nach der genormten Spaltenbreite und Höhe) werden die Anzeigen möglichst klein abgedruckt. Meistens wird die zur Verfügung stehende Fläche mittels »Gestaltung« und umfangreichen Texten voll ausgenutzt. Nach der Devise: Jeder abgedruckte Millimeter kostet Geld, ein weißer Leerraum wäre eine reine Geldverschwendung. Mit dieser Haltung erreicht man das genaue Gegenteil, die Anzeige geht im riesigen Anzeigenangebot unter. Um dies zu vermeiden, sollten die Texte kurz, präzise, sachlich und informativ sein und größer als 8 Punkt abgesetzt werden.

Ein reduzierter, abgesetzter Text mit genügend Freiraum wirkt im Anzeigenfeld spannungsreicher und wirkungsvoller, er sticht aus der Anzeigenbleiwüste hervor und wird somit zum Blickpunkt. Reine Textanzeigen sollten mit einem Rahmen versehen werden, dadurch steht der Text nicht frei im Raum und bekommt einen optischen Halt.

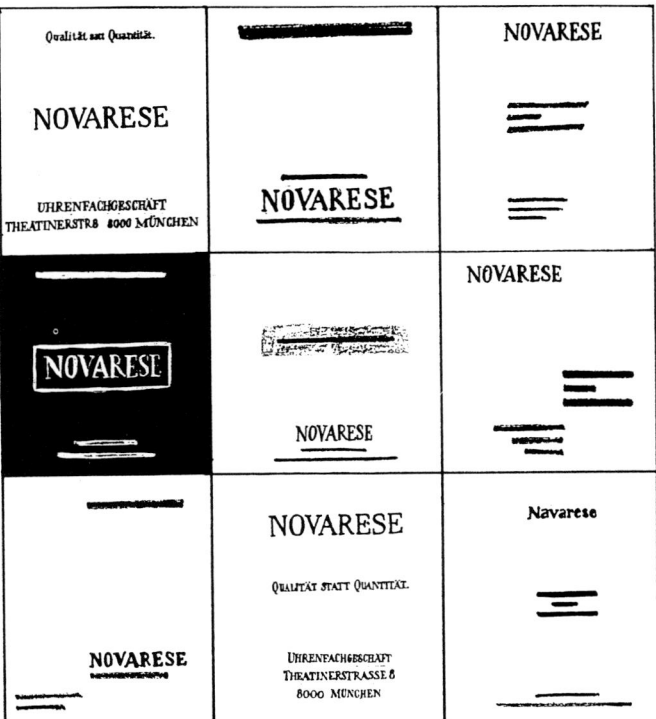

Typografische Varianten zu einer Kleinanzeige

Die Gestaltung von Kleinanzeigen hängt von Inhalt und Werbebotschaft ab, sie haben im einzelnen folgende charakteristische Merkmale.

- **Privatanzeigen** sind dezenter und schlichter gestaltet als Angebote von Warenhäusern. Preis und Werbeslogan werden fett gedruckt, um ins Auge zu stechen.
- **Geburts-, Verlobungs- oder Vermählungsanzeigen** lassen eine freie Komposition und Originalität zu. Schmucklinien, Illustrationen, geschwungene Schreibschriften oder klassizistische Schriften geben dem festlichen Ereignis einen individuellen Touch.
- **Todesanzeigen** werden prinzipiell mit einer schwarzen Umrandung versehen. Die Typografie sollte schlicht und ergreifend wirken.

Integrierte Kleinanzeige auf einer Zeitungsseite

Die Produktanzeige

Sie ist stark zielgruppenorientiert, und der Leser soll zu
folgenden Reaktionen motiviert werden: Zuerst muß Aufmerksamkeit und Interesse geweckt, Wünsche und Illusio-
nen übermittelt und zu Handlungen angeregt werden (inten-
dierte Reaktionen: Identifikation mit einem bestimmten
Lifestyle, Ausfüllen und Absenden eines Coupons... bis zum
Kauf eines Produkts).

Die Verkaufsanzeige soll das Produkt oder Firmenimage
hervorheben. In der Werbebranche werden ständig neue
konzeptionelle Ideen entwickelt, deren visuelle Ästhetik zum
Blickfang wird.

Die Produktanzeige in Fachzeitschriften dagegen wird
sachlicher und dezenter gestaltet. Man beruft sich auf eine
strenge Komposition des Rastersystems und vermittelt durch
die Sachfotografie, die themenbezogene Farbgebung, fach-
lich informative Texte und dezente Typografie einen seriösen
und informativen Charakter.

Die Imageanzeige

Bei Repräsentations- oder Imageanzeigen werden der Stil
und die Unternehmensphilosophie präsentiert. Es wird für
kein bestimmtes Produkt geworben, sondern die Firma als
»Ganzes« betrachtet.

Doppelseitige Imageanzeige für die Zeitschriftenwerbung

Die PR-Anzeige

Sachlich informativen Charakter haben auch Public-Relation-Anzeigen. Innerbetriebliche Maßnahmen einer Firma (z. B. Geschäftsberichte), Informationen und Inhalte sollen ein möglichst breites Publikum ansprechen.

Die Anzeigenkampagne

Viele Anzeigen werden wiederholt geschaltet. Um eine konstante Wiederholung derselben Anzeige zu vermeiden, werden Anzeigenkampagnen entwickelt. Der Anzeigeninhalt befaßt sich mit dem gleichen Produkt/Image, nur die Ausführung ist variabel. Anzeigenkampagnen sind so konzipiert, daß ein klares, einheitliches Konzept vorhanden ist und eine Wiedererkennung stattfindet. Diese variable Anzeigengestaltung kann ein Austausch von Bildmotiven sein, wobei der Werbeslogan immer konstant ist, oder ursprünglich nicht zusammenpassende Text- und Bildaussagen werden so kombiniert, daß sie dennoch einen bestimmten Kontext bilden.

Rein typografische Zeitschriftenanzeige im Öffentlichkeitsbereich

Anzeigenkampagne für Kosmetik ohne Tierversuche

Dazu konzipiertes Großplakat – inhaltlich und typografisch wurde die Werbebotschaft auf einen Slogan reduziert, um die Aufnahme zu erleichtern und Schwerpunkte zu setzen.

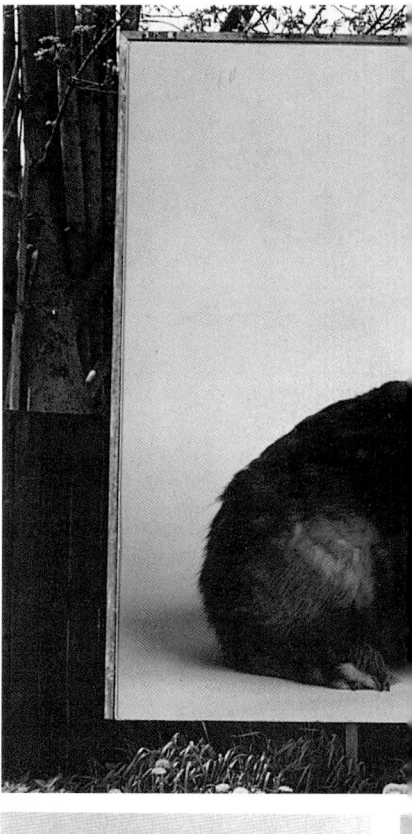

An meinem Leben liegt mir etwas!
Ihnen auch?

Ich bin ein armer Hase!

Meine Augen brennen und

ich bin schon fast blind,

da ich die falschen

Augentropfen bekomme!

Das müßte nicht sein, wenn

<u>Kosmetika ohne Tierversuche</u>

hergestellt würden!

Ich hänge an meinem Meerschweinleben!

Täglich sterben 20.000-40.000 Tiere
für kosmetische Tests.
Einer dieser Tests ist der Hautreizungs-
test, der Auskunft über die Verträglich-
keit von Cremes, Shampoos e.t.c. geben
soll.
Den Testtieren wird das Fell geschoren,
die Haut aufgeritzt oder bis aufs rohe
Fleisch abgezogen.
Festgeschnallt in Drahtgestellen, werden
sie solange in Chemikalien getaucht, bis
Rötungen, Schwellungen, Geschwüre oder
nässere Störungen auftreten.
Tierversuche dieser Art ziehen sich über
Monate hinweg und enden immer mit einem
qualvollen Tod.
Das muß nicht sein, denn es gibt gleich-
wertige Alternativen. Der Zellkulturtest
und der Lämpchentest haben eine größere
Aussagekraft.
So bis 1977 alle kosmetischen Stoffe aus-
reichend getestet worden, sind Tierversuche
nicht mehr notwendig.
Viele Kosmetikfirmen haben sich auf Natur-
kosmetik zurückbesonnen und verzichten auch
bei konventioneller Kosmetik auf Tierversuche. Tierversuchsfreie Kosmetik ist in
Apotheken, Reformhäusern und Naturkosmetikgeschäften erhältlich.
Wenn Sie mehr darüber wissen wollen,
wir informieren Sie gerne!

Deutscher Tierschutzbund e.V. - Baumschulallee 15 - 5300 Bonn 1 - Tel. 0228/6j1005

Helfen Sie mir, daß ich nicht sterbe!
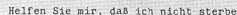

Täglich sterben 20.000 - 40.000 Tiere
für kosmetische Tests.
Eines dieser Tests ist der LD-50 Test,
der Auskunft über die Giftigkeit eines
Stoffes geben soll.
Es wohl festgestellt werden, welche Menge
eines Stoffes für die Hälfte der Tiere
tödlich ist, wenn sie auf einmal aufge-
nommen wird.
Den Testtieren wird gewaltsam Gift einge-
trichtert und der langsame Todeskampf
wird in regelmäßigen Abständen beobachtet.
Es treten Lähmungen, Krämpfe, Mühelosig-
keit, Tränenfluß, Atemnot, Blutungen aus den
Augen, Nase, Mund und After und vieles mehr
auf.
Die Tiere, die überleben werden anschließend
weitergequält oder das Ende ist ein qual-
voller Tod.
Das muß nicht sein, denn es gibt gleich-
wertige Alternativen, wie der Zellkulturtest und der Einzelzelltest.
So bis 1977 alle kosmetischen Stoffe aus-
reichend getestet wurden, sind Tierversuche
nicht mehr notwendig.
Viele Kosmetikfirmen haben sich deshalb auf
Naturstoffe zurückbesonnen und verzichten
auch bei konventioneller Kosmetik auf
Tierversuche.
Tierversuchsfreie Kosmetik ist in Apotheken,
Reformhäusern und Naturkosmetikgeschäften
erhältlich.
Wenn Sie mehr darüber wissen wollen,
wir informieren Sie gerne!

Deutscher Tierschutzbund e.V. - Baumschulallee 15 - 5300 Bonn 1 - Tel. 0228/6j1005

Das Plakat

Eine vergrößerte Anzeige kann nicht als Plakat bezeichnet werden – die Plakatgestaltung ist eine eigene Medienkategorie. Die Gestaltungsprinzipien und Wirkungsmechanismen sind abhängig von der Nutzungssituation, deren Träger Großflächen sind. Plakatierte Mauern, Häuser, Wände oder Litfaßsäulen werden von einem sehr breiten Publikum registriert. Beim Vorbeigehen schenkt man dem Plakat für einen kurzen Augenblick die Aufmerksamkeit. Es findet eine Sofortwirkung statt; die Plakatgestaltung sollte deshalb so konzipiert sein, daß primär ein Blickfang das Interesse weckt und sekundär Informationen transportiert werden, wie z. B. Örtlichkeit und Datum von Konzert, Kino, Theater, Messeveranstaltungen oder Informationen über ein bestimmtes Produkt.

Grafische und phantasievolle Effekte bedingen eine klare Anordnung, und folgende Kriterien beeinflussen die Aussagekraft eines Plakates:

- Vor der Gestaltung sollte man sich über **Größe** und **Plakatanschlag** (Litfaßsäule, Großfläche, Spezialstelle) im klaren sein. Plakatgrößen werden immer in cm (Breite × Höhe) angegeben und haben standardisierte Formate (siehe Abbildung).
- Plakate können im Rasterprinzip oder als freie Komposition angelegt werden.
- Wird das **Bildmotiv** großflächig und dominant angelegt, ist es eindeutig der Blickfang. Der begleitende Text soll gut leserlich und informativ sein.
- Der **Text** übernimmt die Blickfangfunktion. Schriftwahl und Größe sollen gewährleisten, daß die wesentliche Aussage, der Slogan, schnell erfaßbar ist und aus der Fläche hervortritt. Zudem soll die Schriftgröße so bestimmt werden, daß sie aus der Entfernung gut lesbar und wirkungsvoll ist.
- Ein eindrucksvolles Stilmittel ist das Element **Farbe**. Die Farbwahl beeinflußt Schriftbild, Plakatfläche und Bildwirkung.
- Weitere Effekte können **farbige Collagen aus Papier** oder **Bildfragmente** sein, eine gelungene **Typografie** unterstützt den künstlerischen Ausdruck und gibt dem Plakat den letzten Schliff. Der Phantasie sind keine Grenzen gesetzt.

Plakat für eine Modeveranstaltung

Plakatformate:

aus der Hochlage des 1/1-Bogens	aus der Querlage des 1/1-Bogens
59×84 cm, 1/1-Bogen (DIN A1)	84×59 cm, 1/1-Bogen
119×84 cm, 2/1-Bogen (DIN A0)	84×119 cm, 2/1-Bogen
119×168 cm, 4/1-Bogen	84×178 cm, 3/1-Bogen
119×252 cm, 6/1-Bogen	84×238 cm, 4/1-Bogen

Typographische Gestaltung eines Veranstaltungsplakats

Prospekt, Broschüre, Katalog

Vor der Gestaltung gilt es, eine gründliche Produkt- und Zielgruppenanalyse zu erstellen. Die angebotene Produktpalette soll dekorativ und ästhetisch so präsent werden, daß sich eine bestimmte Zielgruppe angesprochen fühlt. Interesse und Wünsche sollen geweckt werden mit dem Endziel, den Verbraucher zum Kauf zu motivieren. Nach einer intensiven Analyse wird das Kommunikationsmedium festgelegt.

Ist der Auftraggeber ein Versandhaus mit einer breiten Produktpalette (von der Bekleidung für die ganze Familie zu Haushaltswaren, Möbeln, Spielwaren, Reiseangeboten … bis zu den Lebensmitteln), so wird ein Katalog konzipiert. Ist das Produktangebot nicht so umfangreich, so wird ein Prospekt oder eine Broschüre erstellt.

Diese drei Kommunikationsmedien unterscheiden sich zwar hinsichtlich des Umfangs, was jedoch den gestalterischen Aspekt betrifft, so ist folgendes zu beachten:

- Die **Papierwahl** orientiert sich an Umfang, Gewicht, Auflage, Zielgruppe und Image. Für Luxusartikel beispielsweise werden hochwertige Papierqualitäten bevorzugt, da Gestaltung und Papierwahl das Image repräsentieren. Aus postalischen, herstellungstechnischen und vor allem Kostengründen muß die Papierstärke eines Versandhauskataloges möglichst dünn sein.
- Der Inhalt soll gut verständlich gegliedert und aufeinander abgestimmt sein. Dieses **Ordnungsprinzip** sorgt für formale und inhaltliche Übersichtlichkeit.
- Eine wesentliche Gestaltungsgrundlage ist die **Entwicklung eines Rastersystems** (siehe Kapitel 5). Jede Seite basiert auf einem bestimmten Rasterprinzip, kann jedoch durch rhythmische Veränderungen und kontrastierende Elemente das Ordnungsprinzip beleben.
- Die **Schriftwahl** richtet sich nach dem Inhalt (siehe Kapitel 4: Schriftmischungen). Schrift und Größe des Lauftextes sollten konsequent auf allen Seiten gleich sein. Die Titelschrift kann sich am Kontext der Produkte orientieren. Beim Prospekt ist eine einheitliche Titelschrift empfehlenswert, beim umfangreichen Versandhauskatalog jedoch variiert die Schriftwahl je nach Inhalt.
- Die **Reinlayouts** werden immer doppelseitig angelegt, und das Konzept sowie eine klare Gestaltungslinie sollten von der ersten bis zur letzten Seite erkennbar sein (die Anordnung immer wiederkehrender Elemente wie Firmenzeichen, Farbe, Rasterungen, Linien …).

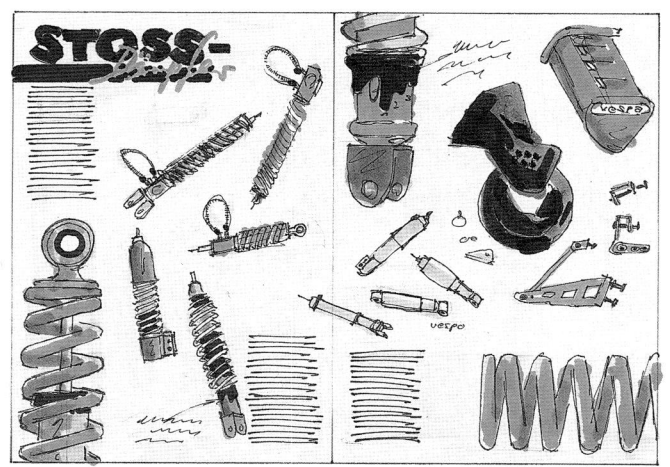

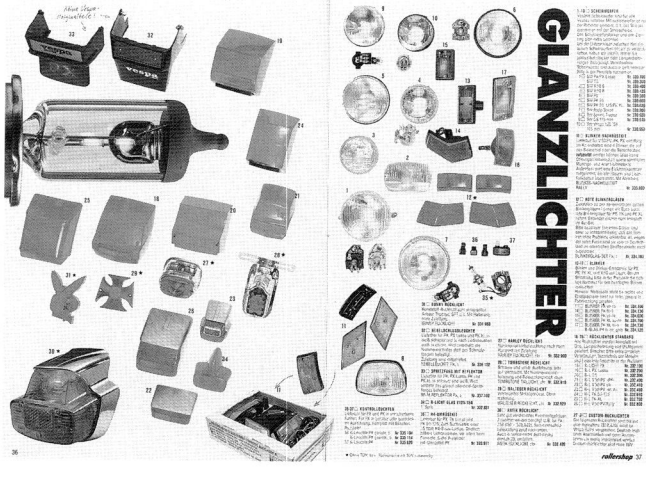

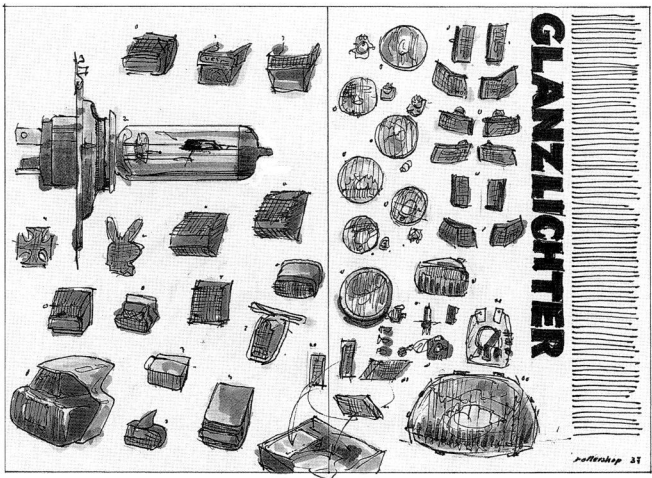

Gegenüberstellung von Layout und gedruckter Doppelseite eines Produktkataloges

Zeitschrift, Magazin

Die Zeitschrift/das Magazin ist ein Druckmedium, das in einer bestimmten periodischen Reihenfolge erscheint und Informationen über ein Spezialgebiet liefert. Das redaktionelle Konzept und die Layoutgestaltung orientieren sich an einem bestimmten Publikum. Das Pressemedium Zeitung/Magazin läßt sich grob in zwei Kategorien untergliedern:

Die erste Gruppe sind **fachspezifische Zeitschriften,** deren Informationen und Inhalte nicht die Öffentlichkeit als Ganzes ansprechen sollen, sondern eine spezielle Fachgruppe. Die inhaltlichen Prinzipien solcher Zeitschriften, die wissenschaftlich oder fachspezifisch orientiert sind, sind anders geordnet. Der Textanteil steht im Vergleich zum Bildanteil im Vordergrund. Der Gesamtaufbau beruht auf einer konstanten Strukturierung von standardisiertem Satzspiegel und einem einheitlichen Schriftbildcharakter. Die Überschriften können von der unveränderten Textgrundschrift abweichen, werden jedoch meistens aus derselben Schriftfamilie abgesetzt. Lokalisierte Abteilungen, wie Mitteilungen im Kasten oder Tabellen, können von der Grundschriftgröße abweichen und kleiner abgesetzt werden.

Viele **Firmenzeitschriften** sind redaktionell und gestalterisch so aufgebaut, daß sie dem Layout einer Tageszeitung ähneln. Kontraste wie Schrift und Größe bei Titelschriften (z. B. Futura schmalhalbfett), Balken, Unterstreichungen und Kästen sowie eine Zusatzfarbe, die Hervorhebungen farblich bereichert, unterstützen den Zeitungscharakter.

Die zweite Gruppe sind **Publikumszeitschriften** wie Magazine, Modezeitschriften, Unterhaltungsjournale …

Unter dem wirtschaftlichen Aspekt betrachtet, ist der Hauptzweck von Publikumszeitschriften, Träger von der Anzeigenwerbung zu sein. Publikumszeitschriften sollen eine bestimmte Zielgruppe informieren und unterhalten. Der Bildanteil überwiegt und dominiert den Textteil. Inhalte sollen durch eine individuelle Gestaltung und Experimentierfreudigkeit ansprechend präsentiert, Beziehungen zwischen Text und Bild hergestellt werden. Basis von Publikumszeitschriften ist ein einheitliches Kompositionsprinzip von Satzspiegel, Raster und einer konstanten Grundschrift. In manchen Zeitschriften wird bei gleichbleibendem Satzspiegel die Spaltenbreite variiert (von 2- bis 5spaltig). Meistens ist das Bild der Blickfang einer Seite, deshalb muß die Wahl des Fotos und des Ausschnitts sehr sorgfältig vorgenommen werden. Ob z. B. große Detailaufnahmen oder collageartig aneinandergereihte Kleinaufnahmen den Blickfang bilden,

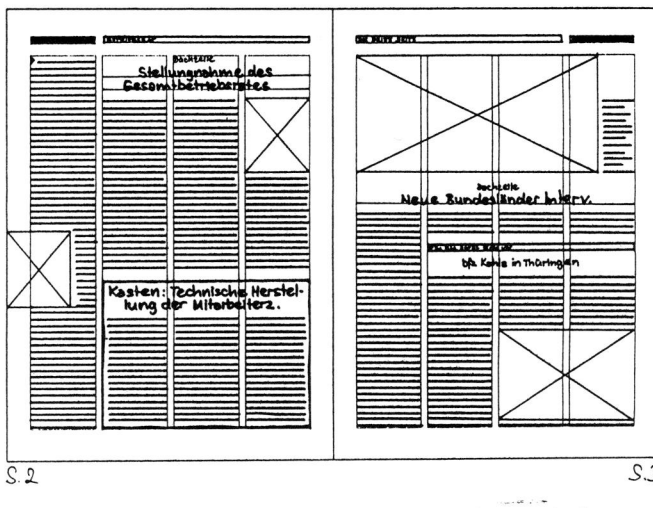

Scribbel und Druckergebnis einer Mitarbeiterzeitschrift, die im Zeitungsstil gestaltet wurde

bleibt der individuellen Situation überlassen. Die Titelschriften können der jeweiligen Anmutung des Inhalts angepaßt werden, ebenso ist mit dem Gestaltungsmittel Farbe und mit weiteren Schmuckelementen zu verfahren.

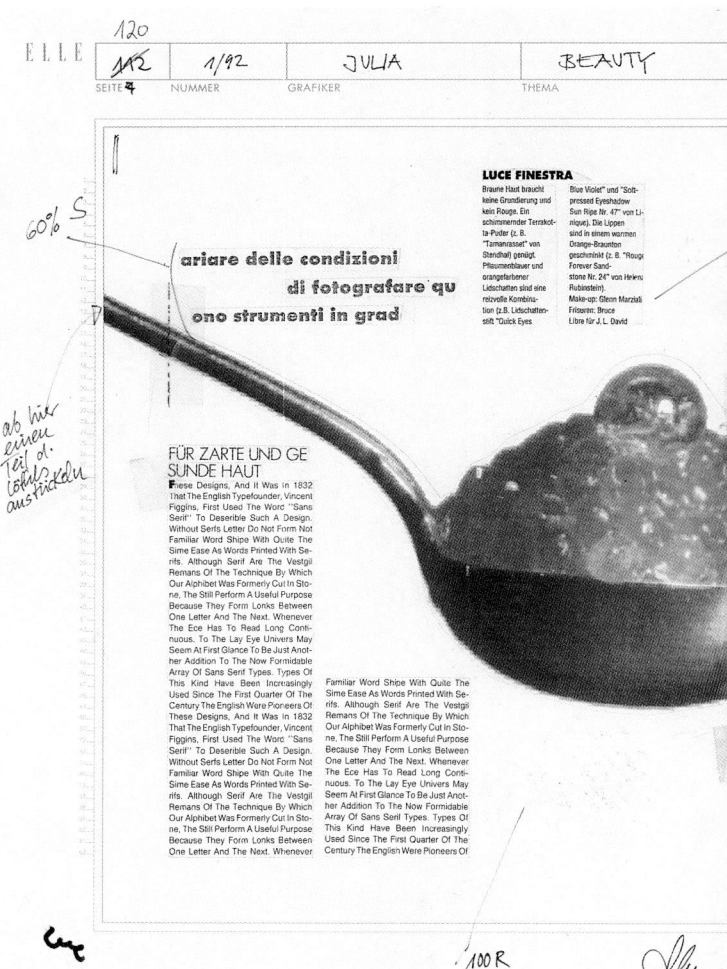

ELLE

120 / 112	1/92	JULIA	BEAUTY
SEITE 4	NUMMER	GRAFIKER	THEMA

60% S

ab hier einen Teil d. textes umstricken

ariare delle condizioni di fotografare qu ono strumenti in grad

LUCE FINESTRA

Braune Haut braucht keine Grundierung und kein Rouge. Ein schimmernder Terrakotta-Puder (z. B. "Tamanrasset" von Stendhal) genügt. Pflaumenblauer und orangefarbener Lidschatten sind eine reizvolle Kombination (z.B. Lidschattenstift "Quick Eyes"

Blue Violet" und "Soft-pressed Eyeshadow Sun Ripe Nr. 47" von Lancôme). Die Lippen sind in einem warmen Orange-Braunton geschminkt (z. B. "Rouge Forever Sandstone Nr. 24" von Helena Rubinstein). Make-up: Glenn Marziali Frisuren: Bruce Libre für J. L. David

FÜR ZARTE UND GE SUNDE HAUT

These Designs, And It Was In 1832 That The English Typefounder, Vincent Figgins, First Used The Word "Sans Serif" To Deserible Such A Design. Without Serfs Letter Do Not Form Not Familiar Word Shipe With Quite The Sime Ease As Words Printed With Serifs. Although Serif Are The Vestgil Remans Of The Technique By Which Our Alphibet Was Formerly Cut In Stone, The Still Perform A Useful Purpose Because They Form Lonks Between One Letter And The Next. Whenever The Ece Has To Read Long Continuous. To The Lay Eye Univers May Seem At First Glance To Be Just Another Addition To The Now Formidable Array Of Sans Serif Types. Types Of This Kind Have Been Increasingly Used Since The First Quarter Of The Century The English Were Pioneers Of These Designs, And It Was In 1832 That The English Typefounder, Vincent Figgins, First Used The Word "Sans Serif" To Deserible Such A Design. Without Serfs Letter Do Not Form Not Familiar Word Shipe With Quite The Sime Ease As Words Printed With Serifs. Although Serif Are The Vestgil Remans Of The Technique By Which Our Alphibet Was Formerly Cut In Stone, The Still Perform A Useful Purpose Because They Form Lonks Between One Letter And The Next. Whenever

Familiar Word Shipe With Quite The Sime Ease As Words Printed With Serifs. Although Serif Are The Vestgil Remans Of The Technique By Which ne, The Still Perform A Useful Purpose Because They Form Lonks Between One Letter And The Next. Whenever The Ece Has To Read Long Continuous. To The Lay Eye Univers May Seem At First Glance To Be Just Another Addition To The Now Formidable Array Of Sans Seril Types. Types Of This Kind Have Been Increasingly Used Since The First Quarter Of The Century The English Were Pioneers Of

100 R

**Layoutdoppelseiten der
Zeitschrift ELLE**

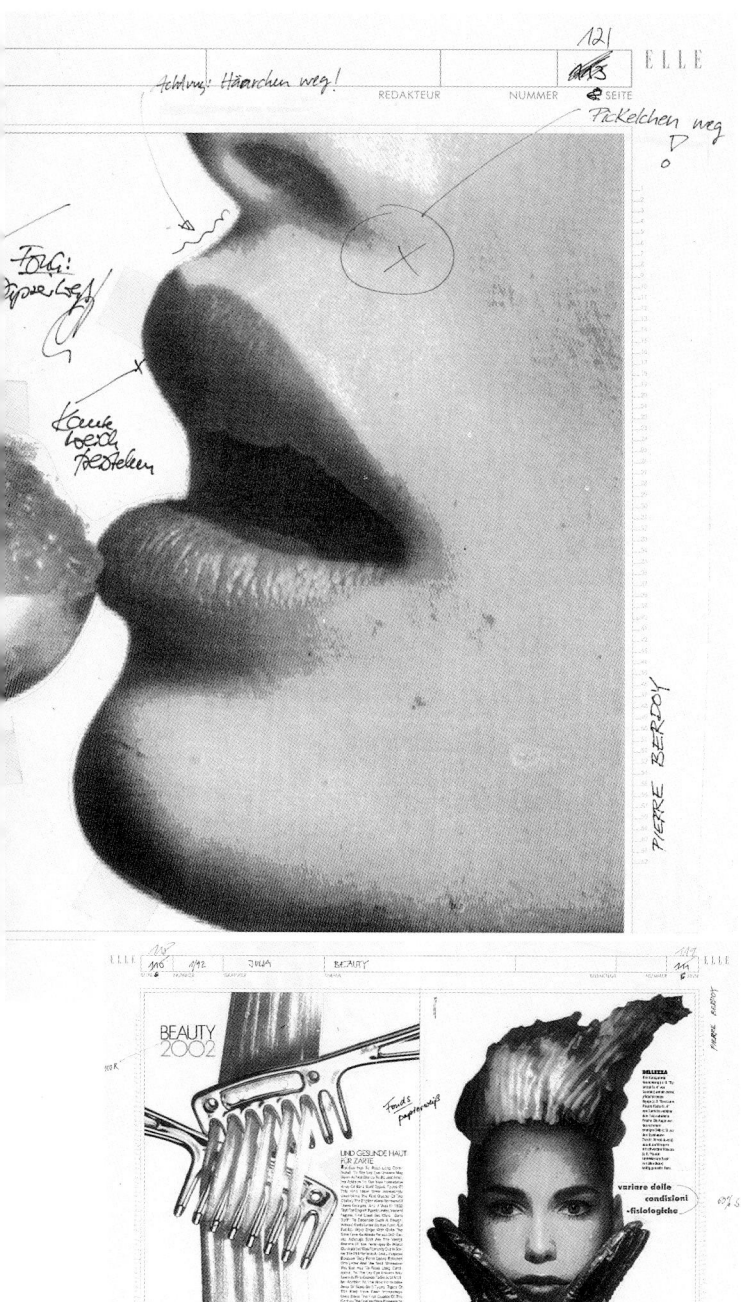

Natürliche Nahrung – vom Food Engineer mundgerecht zubereitet

ERNÄHRUNG

Natur und Ingenieur stellen die Speisekarte der Zukunft zusammen. Gesundheit, Frische und Schnelligkeit in der Zubereitung sind die wichtigsten Kriterien. Statt Fast-food und Fleisch kommt in der nächsten Dekade mehr Vollwertkost, Gemüse und vor allem Fisch und Fischrogen, wie die Protein-Bombe Kaviar auf den Tisch. Techniker versuchen im Labor, die Lebensmittel von ungesunden Bestandteilen zu befreien. US-Wissenschaftler haben bereits künstliche Ersatzstoffe für Fett entwickelt

FRISCH-FROST UND DESIGNER-KOST

Das Essen der Zukunft kriegt sein Fett weg. In den Versuchsküchen der großen Nahrungsmittelhersteller werkeln die Wissenschaftler vor allem an Ersatzstoffen für den Herzkiller Cholesterin. Erste Teilerfolge aus den USA wie fettfreies Eis oder Pommes frites sind erst der Anfang. Langfristig wird sich das gesundlaborierte Designer- und High-Tech-food zwar aus medizinischen Gründen durchsetzen. Das richtige Ernährungsbewußtsein wird es nicht ersetzen können. Trotz Torte aus der Retorte und Braten aus dem Reagenzglas gilt weiterhin die altbewährte Weisheit: gesund weil natürlich. Der Gesundheitsaspekt avanciert von der Beilage zum Hauptbestandteil der Mahlzeit, der Wunsch nach Natürlichem wird wieder aufgewärmt, besonders bei Tiefgefrorenem. Die Auswahl an vollwertiger Tiefkühlkost wird immer größer: Vitamine, Mineralien, Kohlenhydrate – aus der Kühlbox.

Eine logische Konsequenz, denn der Enteiser, die Mikrowelle, taucht in immer mehr Küchen als zentrales Kochgerät auf. Aus Zeitgründen muß die Zubereitung schnell und unproblematisch sein. Herkömmliches Fast-food hinkt der Entwicklung allerdings hinterher, weil es dem gestiegenen Qualitätsbewußtsein nicht mehr gerecht wird. Nur Fleisch und Geflügel, das

nicht aus der Massenzüchtung stammt, soll in aller Munde sein. "Schon heute verlangen immer mehr Gäste Fleisch aus artgerechter Tierhaltung, Eier von freilaufenden Hühnern, Obst und Gemüse aus ökologischem Anbau", sagt der Wiesbadener Sterne-Koch Hans-Peter Wodarz. Mit seiner zirkusreifen Gastronomie ("Panem et Circenses") ist Wodarz seiner Zeit voraus. Denn statt dem zehngängigen Sitzmarathon im Gourmettempel kommt jetzt das Erlebnis-Essen auf die Karte. Leichte Kost in Verbindung mit Theater-, Varieté- und Konzerteinlagen. Der neue In-Drink dazu ist dagegen ein alter Hut: Mineralwasser.   □

Gedruckte Doppelseiten der Zeitschrift ELLE

PIERRE BERDOY

HAARPFLEGE PER
PC UND LASER

HAARE

Future-Frisuren:

schillernd

und schräg

Das Buch

Die Buchgestaltung richtet sich nach Inhalt (wissenschaft-
liche Fachliteratur, Belletristik, Bild- und Kunstbände, Lexi-
ka...), Ausführung (Papierwahl, Bucheinband, Druck) und
Format (Taschenbuchformat, Querformat, Hochformat). Ein
systematisch gegliederter Aufbau und typografische Grundregeln sorgen für eine Erleichterung beim Lesen, Erfassen
und Behalten des Textinhalts. Folgende Punkte beeinflussen
den Leserhythmus und die Buchgestaltung:

- Ein Rastersystem (siehe Kapitel 5) sorgt für eine klare
  Grundkonzeption.
- Jedes Buch ist nach einem Ordnungsprinzip untergliedert:
  Schmutztitel
  Haupttitel (Titel, Autor, Herausgeber)
  Impressum
  Inhaltsverzeichnis
  Kapitelaufteilung
  Literaturverzeichnis, Personen/Sachregister und Quellen-
  nachweis.
- Die Schriftwahl des Buches richtet sich nach dem Inhalt,
  wobei Stilelemente wie Ornamente, Schmucklinien, Illu-
  strationen oder Abbildungen die Gestaltung bereichern
  können. Der Lauftext unterliegt den Gesetzen der Lesbar-
  keit (siehe Kapitel 4) und sollte in einer einheitlichen
  Schriftart und -größe abgesetzt werden, das gilt auch für
  Kapitelüberschriften und Zwischenüberschriften.
- Jedes neue Kapitel sollte aus Gründen der Übersichtlichkeit
  immer auf einer rechten Seite beginnen. Der Anfang kann
  mit einem Initial hervorgehoben werden.
- Die typografische Gestaltung des Bucheinbands kann mit
  dem Haupttitel identisch sein.

Der **Buchumschlag** schützt das gebundene Buch vor
Verschmutzung. Der Inhalt soll mittels der visuellen Gestaltung des Schutzumschlags transportiert werden. Viele unbe-
kannte Bücher werden aufgrund der Einbandgestaltung
registriert und wecken Interesse. Der erste Blickfang ist der
Buchtitel. Angaben wie Titel, Untertitel, Autor, Herausgeber
und Firmenzeichen sind nach inhaltlich-ästhetischen Kriterien
anzuordnen. Elemente wie Initialen, Ornamente, Zierbuchsta-
ben, Schmucklinien und Farbe unterstützen Hervorhebungen.
Wenn eine Abbildung durch Größe und Ausschnitt die
Gestaltung dominiert, hat die Typografie eine untergeord-
nete, ergänzende Gewichtung. Bücher, die in einer Serie
erscheinen, müssen eine klare, einheitliche Gesamtkonzep-
tion aufweisen. Der konstante Stand von gleichen Schrift-

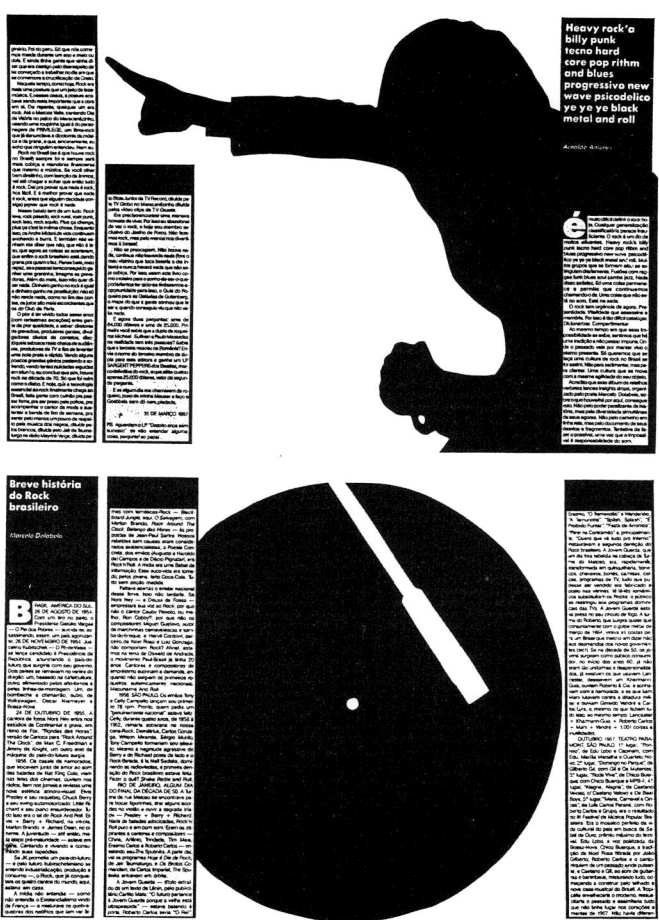

Extravagante Seitengestaltung eines Buches über die moderne Rockgeschichte

typen, Bildgrößen, Firmenzeichen und Herausgeber sorgen für den Seriencharakter und den Wiedererkennungseffekt.

Ab einer Buchrückenstärke von 5 mm sind die obengenannten Angaben in gleicher Schriftart anzuordnen. Bei Serienproduktionen ist auch hier eine einheitliche typografische Plazierung notwendig, damit die Elemente im Buchregal nicht »aus der Reihe springen«.

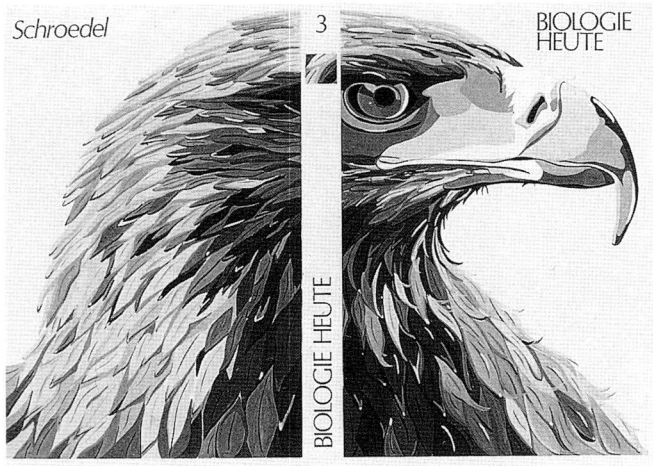

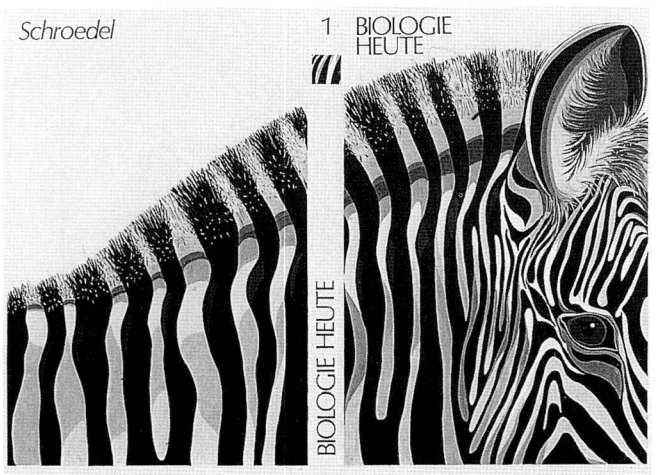

Originell gestalteter Schutzumschlag für ein Biologiebuch

Auf der Buchrückseite sind meistens kurze inhaltliche Zusammenfassungen oder Autorenangaben vorgesehen. Auch hier richtet sich die Schriftwahl nach der Gesamtgestaltung und den typografischen Grundregeln (siehe Kapitel 4).

7

KAPITEL

Nützliche Hinweise
für Layout und Druck

Das Manuskript

Zur Herstellung von Texten benötigt man ein Manuskript. Ob das Manuskript auf traditionelle Weise auf der Schreibmaschine getippt ist oder am Computer erfaßt wird: Es muß in erster Linie deutlich lesbar sein.

Bei der Zusammenarbeit zwischen Texter/Autor und technischer Produktion spielt die gewissenhafte und vollständige Manuskriptform und -ausführung eine wesentliche Rolle. Ein unübersichtliches, unvollständiges Manuskript erfordert eine längere Bearbeitungszeit und unnötige Satzkosten. Um dies zu vermeiden und eine gute technische Zusammenarbeit zu gewährleisten, sind folgende Punkte zu beachten:

- Die **Manuskriptform** sind DIN-A4-Blätter mit genügend Rand für Korrekturen und Satzanweisungen. Der Rand sollte rechts mindestens 3 cm betragen, links oben und unten jeweils 2 cm. Ca. 60 Anschläge sollten für eine Zeile vorgesehen werden, bei einem Zeilenabstand von 2 füllen 30 Zeilen das Format, bei einem Zeilenabstand von 1½ füllen 40 Zeilen das Format.
- Die **Rechtschreibung** erfolgt nach dem Duden.
- Auf eine **einheitliche Schreibweise** von Abkürzungen, Daten usw. ist zu achten.

Der **Manuskriptumfang,** der sich nach einer einfachen Formel berechnen läßt, bestimmt Kosten und Umfang des späteren Druckerzeugnisses.

> **Anschlagszahl** (Wortzwischenräume entsprechen einem Zeichen) × **Zeilenzahl** × **Seitenzahl** = **Gesamtzeichenzahl** eines Manuskripts.

Der nächste Schritt ist die Berechnung je Druckseite. Jede ausgewählte Druckschrift hat eine bestimmte Laufweite. Entweder man zählt die Einzelzeichen pro Zeile, oder man ermittelt den Wert aus Schrifttabellen, die von Setzereien mitgeliefert werden. Die Formel für die Gesamtbuchstabenzahl je Druckseite ist:

> **Buchstabenzahl** × **Zeilenzahl**

Mittels dieser beiden Formeln läßt sich der Seitenumfang berechnen.

> **Gesamtzeichenzahl** des Manuskripts:
> **Buchstabenzahl** je Druckseite

Satzidentische Manuskripte, d. h. die Anschlagszahl des
Manuskripts entspricht exakt der Druckanschlagszahl, erleichtern Layout- und Umbrucharbeiten. Ein sofortiger Umbruch ist bei der Manuskripterfassung am Computer möglich,
da der Satz in beabsichtigter Schrift, Größe, Zeilenabstand
und Spaltenbreite erfolgt.

Bevor ein Manuskript technisch umgesetzt wird, erfolgt
eine redaktionelle Bearbeitung. Der Lektor/Redakteur liest
den Text nach stilistischen Kriterien, wie Rechtschreibung
und einheitlicher Schreibweise.

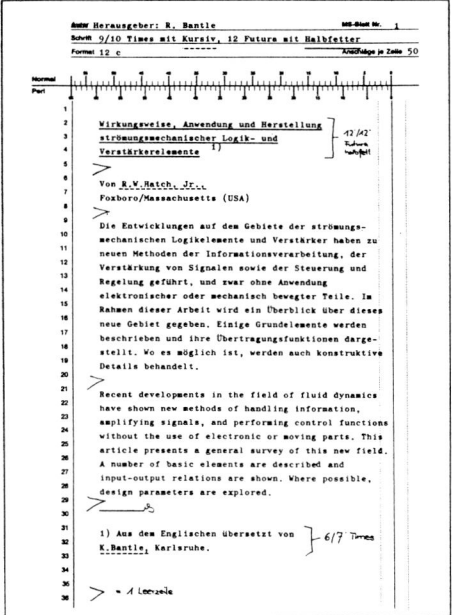

Die Satzanweisung

Eine präzise Satzanweisung ermöglicht einen rationellen
Fertigungsablauf. Der Setzer muß sich absolut auf die
Auszeichnungsdaten verlassen können. Auf der ersten Manu-
skriptseite wird die Grundschrift (Schriftart, Größe, Zeilenabstand und Spaltenbreite) vermerkt. Weicht eine Schrift von
der Grundschrift ab, so ist dies deutlich zu kennzeichnen. Bei
Überschriften sind Schriftart und Zeilenfall eindeutig neben
dem Text zu markieren.

Die Anweisungen von Kolumnentiteln, Zwischentiteln,
Bildlegenden und Umrandungen sind verbindlich festzulegen.

Checkliste für Satzanweisungen
(für kleine Drucksachen bis zum Buch):

1. Gliederung
Titelei
Impressum
Inhaltsangabe
Vorwort/Einleitung
Kapitel
Kapitelbeginn
Kapitelende
Register Personen-/Sach-
Literaturnachweis

2. Typografische Angaben:
Grundschrift:
Schriftart
Schriftgröße
Zeilenabstand/Durchschuß
Spaltenbreite

Satzart:
Blocksatz
Flattersatz
Mittelachsensatz
Figurensatz/Formsatz
mit/ohne Einzug
Initialen

Überschriften/Zwischenüberschriften/
   Bildunterschriften:
Schriftart
Schriftgröße
Laufweite
Zeilenabstand/Durchschuß
Zentrierung/Mitte, rechts-, linksbündig

Hervorhebungen:
Negativ
Rasterungen

3. Rechtschreibung:
nach Duden
Abweichungen vom Duden
Sonderzeichen
Silbentrennung

4. Satzspiegel:
Spaltenbreite
Spaltenhöhe

5. Umbruch:
manuell/am Bildschirm
Tabellen
Bildmontage
Seitenzahl/Pagina

6. Termin für Korrekturabzüge
Ausbelichtung Papier/Film
Laserausdruck

7. Belichtung für den Druck
(siehe Druckfilm)

Nach der Texterfassung erfolgt ein Korrekturlesen.
Die ausbelichtete Textfahne wird Zeile für Zeile mit dem
Manuskript verglichen, Fehler und technische Mängel
werden korrigiert.
    Die wichtigsten Korrekturzeichen siehe auf Seite 90.
    Im Normalfall erhält der Texter/Autor einen bereits in
Verlag/Druckerei korrigierten Abzug, und letzte Änderungen
können vorgenommen werden.

Die Rasterweiten
Bildvorlagen werden bei der Reproduktion in Halbtöne
aufgerastert. Das Bild wird in einzelne Punkte zerlegt. Die
Punktanzahl je cm ist konstant, durch unterschiedliche
Punktgrößen ergeben sich optisch unterschiedliche Hellig-
keitswerte.
    Je feiner ein Raster reproduziert wird, desto differenzier-
tere Tonfeinheiten ergeben sich.
    Je nach Drucktechnik und Papierqualität werden folgende
Rasterlineaturen je cm^2 eingesetzt:
    Der **Grobraster** 20/24/30/40 Linien je cm^2 für Zeitungs-
hoch- und Offsetdruck.
    Der **Mittelraster** 40/48/54 Linien je cm^2 für Offsetdruck und
mittlere Papierqualitäten.
    Der **Feinraster** 60 Linien je cm^2. Dies ist das normalge-
bräuchliche Raster für fast alle Papiersorten. 70/80 Linien je
cm^2 für qualitativ hochwertigen Druck auf sehr glattem und
hochwertigem Kunstdruckpapier.

Der Druckfilm

Bei jedem drucktechnischen Verfahren benötigt der Drucker den richtigen Film.

Ohne auf die verschiedenen drucktechnischen Verfahren einzugehen, soll diese Aufstellung eine Arbeitserleichterung darstellen.

Positiv seitenrichtig	vitizoꟼ thↄihnetiez

Negativ seitenrichtig	vitsgeꟼ thↄↄhevnetiez

Hochdruck	seitenrichtig	Negativ
	seitenrichtig	Positiv
Tiefdruck	seitenverkehrt	Positiv
Flachdruck	seitenverkehrt	Positiv
	seitenverkehrt	Negativ
Durchdruck	seitenrichtig	Positiv

Der Graukeil

Der Graukeil ist in Halbtonstufen aufgeteilt und wird bei der Reproduktion von Schwarzweißaufnahmen mitbelichtet, um den richtigen Belichtungswert zu ermitteln.

Auch Schriften, Fonds und Flächen können aufgerastert werden. Die Abbildung soll demonstrieren, in welchen Abstufungen eine Schwarzweißrasterung möglich ist.

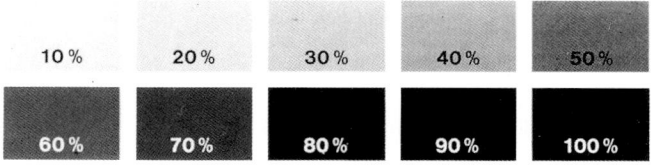

Die Papierproportionen

In der Druckindustrie werden viele Papierformate nach DIN-Norm (Deutsche-Industrie-Norm) gedruckt. Diese gebräuchlichen Papierproportionen werden in Breite × Höhe gemessen und entsprechend dem Seitenverhältnis von 1:1,414 oder 1:2 (Wurzel). Man geht von 1 m^2 Flächeninhalt aus. DIN A0 entspricht dem Format 841 mm × 1189 mm, und durch folgegerechtes Halbieren ergeben sich die nächstkleineren DIN-Formate:

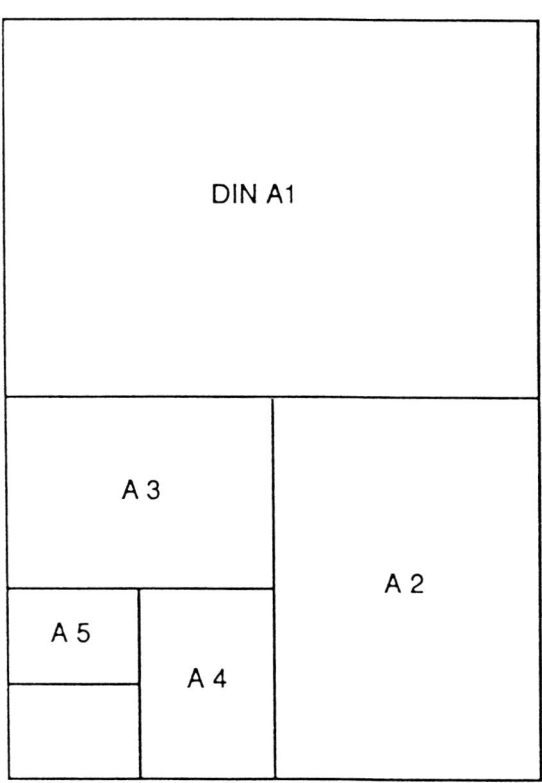

Maße in mm

DIN A0	841×1189	DIN A4	210×297
DIN A1	594× 841	DIN A5	148×210
DIN A2	420× 594	DIN A6	105×148
DIN A3	297× 420	DIN A7	74×105

Der Terminplan vom Konzept bis zur Produktion

Um ein Layout druckfertig und termingerecht realisieren zu
können, ist es sinnvoll, einen Terminplan anzufertigen.
Layouterstellung, Präsentationen, Fotoproduktionen, Kosten-
voranschläge... – all diese Termine müssen organisatorisch
so festgelegt werden, daß der Drucktermin eingehalten
werden kann.

Diese Tabelle soll einen systematischen Überblick für die
Projektplanung gewährleisten. Die Abbildung stellt nur eine
Möglichkeit dar, wie ein Terminplan aussehen kann. Je nach
Projekt und Umfang können andere Schwerpunkte gesetzt
werden. Man beginnt mit dem Datum der Entwurfsphase und
sieht für jeden weiteren Arbeitstag bis zum Ablieferungster-
min des fertigen Produkts ein Feld vor. Datum und Dauer des
jeweiligen organisatorischen Ablaufs werden mit einem Pfeil
in der entsprechenden Länge gekennzeichnet. Dieses Prinzip
verhilft zu einem übersichtlichen Produktionsablauf.

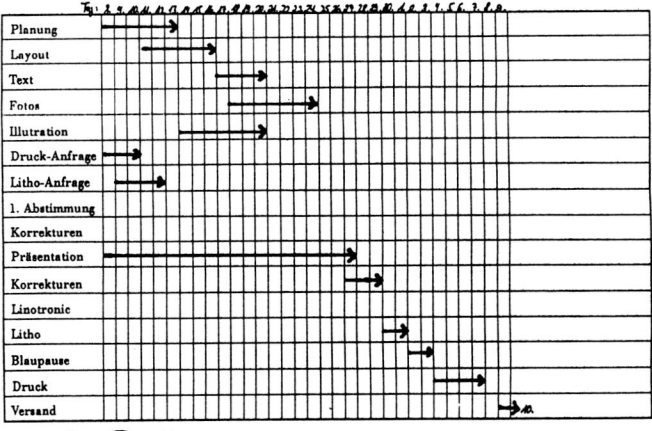

Projekt: *Berg - Prospekt*

Checkliste für den Produktionsablauf

1. Format
Größe
Satzspiegel
Abfallende Motive
   (wenn ja, sind mind. 3 mm Beschnitt einzuberechnen)

2. Umfang:
Umbruch
Seitenberechnung
Bogennutzung
   (Seitenzahl sollte durch 4 oder 8 teilbar sein)

3. Papier:
Qualität
Gewicht
   (Versandkosten bedenken)
Farbe

4. Druckfarbe
Ein- oder mehrfarbig
   (bei jeder Zusatzfarbe ist eine Kalkulation für Litho und
   Druck erforderlich)

5. Abbildungen/Lithos
Größe/Umfang
Strichaufnahmen
Gerasterte Fotos
Rasterweite

6. Text:
Manuskriptberechnung
Satzkosten

7. Druck:
Druckart
Verarbeitung
   (binden, heften, kartonieren…)
Verpackung und Liefertermin

8. Kalkulation Gesamtprojekt:
Gesamtpreis
Stückpreis
Zahlungsweise

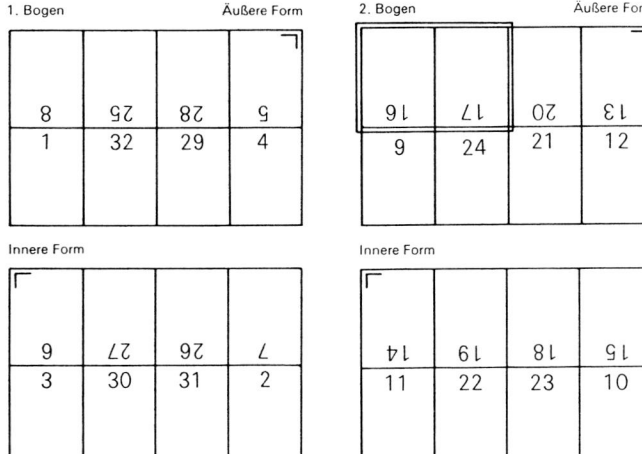

Falzmuster

Bei vielen Layoutpräsentationen erwartet der Kunde einen fachmännisch gefalteten Prospekt, Broschüre, Zeitschrift…, kurz, eine Vorlage, die mit dem späteren Druckerzeugnis identisch ist.

Dieses Falzmuster eines 32seitigen DIN-A4-Prospekts soll verdeutlichen, wie die Seiten beim Druck plaziert sind. Die Bogengröße ist abhängig von der Druckmaschine. Auf einer kleineren Druckmaschine können vier DIN-A4-Seiten auf einem Bogen gedruckt werden, auf größeren Maschinen acht DIN-A4-Seiten. Deshalb sollte bei jedem Umbruch die Seitenzahl durch vier oder acht teilbar sein, um den Bogenumfang voll auszunützen. In diesem Beispiel werden jeweils acht DIN-A4-Seiten auf einem Bogen gedruckt, d. h. man bedruckt zwei Bogenformen mit jeweils Vorder- und Rückseite.

Dieses Anordnungsprinzip erscheint auf den ersten Blick diffus und verwirrend, falzt man jedoch ein kleines Muster im DIN-A4-Format und schneidet es vorschriftsmäßig, so ergibt sich eine systematisch geordnete Reihenfolge.

Seitenumbruch

Im redaktionellen und gestalterischen Bereich wird für größere Projekte ein Terminplan für den Seitenumbruch angefertigt. Bei diesem übersichtlichen System wird der Gesamtumfang des Projekts in Miniaturdoppelseiten ange-

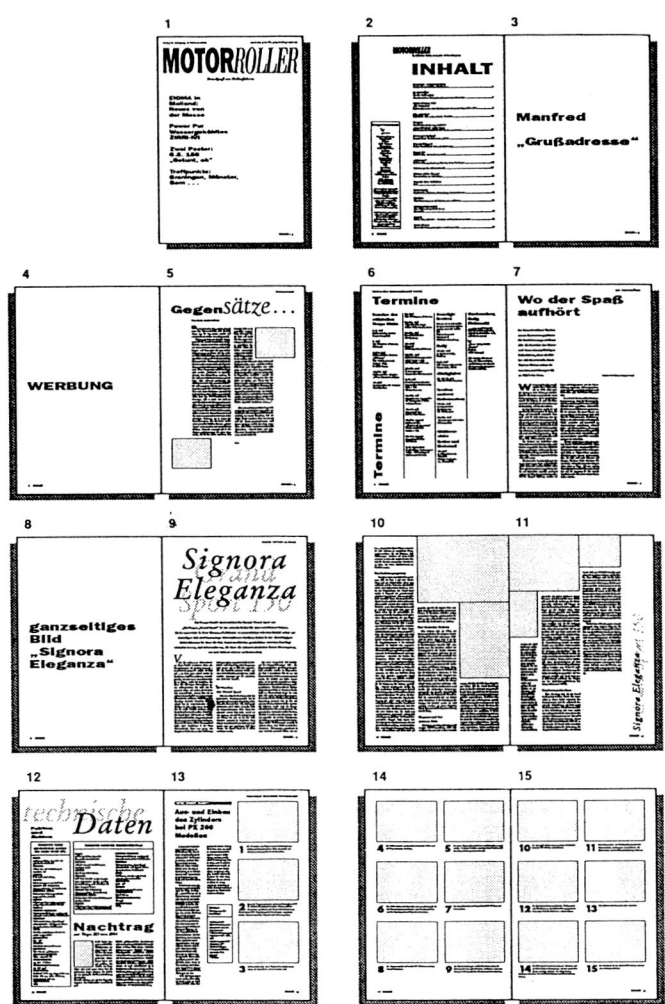

legt. Titel und Rückseite werden als Einzelseiten behandelt. Meistens hängt dieser Plan an der Wand, Seitenänderungen können vorgenommen werden, Anzeigenplazierungen werden festgelegt... – dieses Konzept ergibt ein überschaubares Ganzes, mit dem man termingerecht planen und umbrechen kann.

Die wichtigsten Korrekturzeichen

Hauptregel:
Jedes Korrekturzeichen ist auf dem Papierrande zu wiederholen!

1. <u>Andere Schrift</u> für Wörter und Zeichen im Texte. — *halbfett*
2. Beschädigte Buchstaben müssen so korrigiert werden. — *le Гn*
3. Buchstaben oder <u>Wörter</u> aus anderen Schriftarten. — *mager le a*
4. Unreine Buchstaben müssen ausgewechselt werden. — ⏑
5. Verkehrt oder querstehende Buchstaben im Satze. — *le Гe Le*
6. Falsch sowie auf dem Kopfe stehende Buchstaben. — *le ГK*
7. Mehrere Fehler in einer Zeile werden so korrigiert. — *la leiße Ler*
8. Ligaturen, welche getrennt gesetzt worden sind. — *ПсА*
9. Ligaturen, die falsch angewendet sind: auffliegen, schaffen. — *Пfl Пff*
10. Falsch gestellte Worte in dem Satz fortlaufenden. — *Г Ꙇ*
11. Fehlende Buchstaben zeichnet der Korrektor genau an. — *lta Lau*
12. Im fehlende Worte müssen eingezeichnet werden. — *⊥ Satz*
13. Fehlende Satzteile, werden auf das Manuskript verwiesen. — *P s. M.!*
14. Überflüssige Buchstaben oder oder Wörter. — *ld ПɅ Hɴ*
15. Verstellte Buchstaben Wörter oder <u>Satzteile ganze.</u> — *Пer Пn, 12*
16. Blockaden bei nicht leserlichen Wort anzeichnen. — *⊢—⊣ teilen*
17. Das Wort soll <u>gesperrt</u> werden, also ist es anzuzeichnen. — *sperren*
18. Verbot der S p e r r u n g , also Sperrung herausnehmen. — *nicht sperren*
19. Fehlende Wortzwischenräume sind anzuzeichnen. — *Ꙇ*
20. Zwischenräume verengern, es sieht schlecht aus. — *Ꚍ*
21. Zwischenraum soll wegfallen, also herausnehmen. — *⌒*
22. Druckenden Zwischenraum (Spieße) herunterdrücken. — *#*
23. Verschobener Durchschuß <u>ist</u> richtig zu stellen. — *⊨*
24. Zu weiten Durchschuß zeichnet der Korrektor an. — *⊨*
25. Fehlender Durchschuß muß ergänzt werden. — *⊂*
26. Es wird ein neuer Abschnitt verlangt. Deshalb ist zu umbrechen. — *⌐_*
27. Eine Zeile einrücken (Alinea) bedeutet dieses Zeichen. — *⊏*
28. ⊢—— Eine Zeile ausrücken wird wie gezeigt korrigiert. — *⊢——*
29. Aus Versehen Angestrichenes wieder zur Geltung bringen. — *bleibt*
30. Bei Anwendung von Lang- und Schluß-s ist aufgenaue Durchführung dieser Schreibweise zu achten, dann nicht: Kofs, Faß, Faßl. — *lſ Пß Пſt*

Register
Quellennachweis
Literatur

ANHANG

Register

Quellennachweis

S. 11 Markus Kelzenberg, Augsburg

S. 20/21 und 22 Henning Loerzer, München

S. 23 Markus Kenzenberg, Augsburg

S. 25 Sven Miller, München

S. 25 und 28 Cora Kieser, Augsburg

S. 30 Lowa State University

S. 42 Elisabeth Bölling, Augsburg

S. 44/45 Cora Kieser, Augsburg

S. 46, 47, 48 Elisabeth Bölling, Augsburg

S. 52/53 aus: Wolf, »Briefbogen 2«, Bruckmann, München 1991

S. 55 und 56/57 Armin Mayer, Augsburg

S. 59/60 Cora Kieser, Augsburg

S. 61 Michel Girardin

S. 62/63 Petra Pawletko, Augsburg

S. 65 RG Wiesmeier, München

S. 66 Regina Schütz, Dortmund

S. 68/69 Armin Mayer, Augsburg

S. 71 Verena Kernstein, Augsburg

S. 72/73 und 74/75 Zeitschrift »Elle«

S. 77 Maquina Estudio

S. 78 Bettina Noelke

S. 81 und 84 Bruckmann's Handbuch der Drucktechnik, München 1992

S. 89 Armin Mayer, Augsburg

Nicht aufgelistete Quellennachweise stammen aus dem Archiv der Autorin.

Literatur

Walter Bergner
Grundlagen der Typographie
Verlag Beruf und Schule, Itzehoe/Leipzig 1990

Eberhard Holder
Design Darstellungstechniken
Bau Verlag, Wiesbaden und Berlin 1987

Gregor Krisztian
Handbuch der Layoutschule
DuMont, Köln 1986

Erhardt D. Stiebner (Hrsg.)
Bruckmann's Handbuch der Drucktechnik
München 1992

ders. (Hrsg.)
Bruckmann's Handbuch der Schrift
München 1977

Alan Swann
Design und Layout
London o. J.

Dieter Urban
Gestaltung von Geschäftspapieren
Bruckmann, München 1991

ders.
Markenzeichen und Firmensignets
Bruckmann, München 1991

Joachim Weichert
Druckschriften
Bruckmann, München 1991

Sylvia Wolf
Briefbogen 2
Bruckmann, München 1991

Ian Honeybone
Verpackungen – Gestalten und Herstellen

Joachim Weichert
Druckschriften

Katharina Pieper
Schrift schreiben
Eine Anleitung für die Praxis

Peter Owen/John Sutcliffe
Airbrush

Stuart Trotter
Illustrationen zeichnen

Dieter Urban
Gestaltung von Signets

Dieter Urban
Gestaltung von Geschäftspapieren

Mark Way
Perspektivisches Zeichnen

Petra Pawletko
Layouten

Dieter Urban
Anzeigen gestalten

☐ **Bruckmann**
☐ **Verlag**

Die neue Reihe im Bereich Graphik/Design wendet sich vor allem an interessierte Laien und legt großen Wert auf praxisnahe Anleitungen. Jeder Band hat 96 Seiten mit zahlreichen Illustrationen, Format 12×19,5 cm.